JN073469

ワークと自分史 が効く!

納得の自己分析

岡本恵典
Okamoto Keisuke

日本能率協会マネジメントセンター

はじめに

　就活生の皆さん、初めまして。WEBメディア「就活の教科書」（https://reashu.com/）を運営している岡本恵典（おかもとけいすけ）と申します。「就活の教科書」は、他の就職支援企業（就活ナビサイト）発信の『たくさんエントリーしよう』『部屋に入るときのノックは3回』などといった表面的な情報ではなく、本当に役立つ情報のみを、実際に就職活動を経験した学生と一緒に提供しています。「就活の教科書」の記事は、**就職活動を終えたばかりの実際の内定者が書いている**ことが人気となり、2018年以来、累計100万人以上の就活生がサイトを利用し、月に60万回以上のアクセスがあります。さて、簡単に自己紹介を終わりまして、まずは本書の導入として「僕がなぜ、自己分析（自分史）の本を書こうと思ったのか」をお話しいたします。それは、僕たちがWEBサイト「就活の教科書」を運営する想いと同じです。**皆さんに自分が納得できる就職活動をしてほしいからです。**

1 就活環境は学生・会社にとっていびつな状態

　就職活動を始めている人なら実感しているかもしれませんが、現在の就活環境は、会社・学生にとっていびつな状態になっています。

◆ 就活生の例

・建前：『御社が第一志望です』

・本音：「とにかく知名度のある大企業に入社したい」

・行動：とにかくエントリーシート（ES）を出しまくる。面接の質疑応答はネットの情報を使ってごまかす。

◆ 会社の例

・建前：『学歴フィルターなんてありません。人柄で採用します』

・本音：「学歴が高くて優秀な学生を確保したい」

・行動：説明会には招待するが、学歴が低い学生はエントリーシートでふるい落とす。面接では人柄を見るというより、就活生の論理を崩しにかかる。

◆ ナビサイトの例

　・建前：『自分にあった会社を見つけるために、たくさんの会社にエント
　　　　　リーしよう』
　・本音：「売上のために学生にたくさんエントリーしてもらいたい」
　・行動：通過したエントリーシートを公開する。面接の対策を公開する。ど
　　　　　んどん選考を受けるよう勧める。

　これらのいびつな構造により、多くの就活生は、「何が正しいのか」「何が間
違っているのか」「何を信用すればいいのか」がわからなくなってしまいまし
た。その結果、就職活動の準備を早く始めた学生が内定を独占し、本来、実力
的にも相性的にも合格するはずだった学生が、「内定が取れない」という事態
が起こっています。現在の就職活動では、**就活生がインターネットの情報で武
装し、論破慣れした面接官が就活生の論理を壊す**という作業で面接の合否を決
める戦いになり、就職活動本来の**学生と会社のマッチングは置き去り**にされて
います。自分の強み・将来などはとりあえず置いておき、言われるがままに選
考を受け、面接に落ち続ける就活生が増えています。

　実際、就職活動前・中・後の学生や、就職後の社会人からの相談に乗ってい
ると、就職活動に関するさまざまな不安や悩み、後悔の声を聞きます。

　『情報が多すぎて、何をしたらいいのかわからない』

　『ベンチャー企業は自分が成長できるって聞いたけど、本当か』

　『大手企業に絞って就職活動したら、すべて落ちてしまった』

　『面接で落ち続けているが、何が悪いかわからない』

　『自分らしい就職活動ができたのか、わからない』

　『内定した会社で自分の強みが活きるのか、わからない』

　『就職活動は終わったけれど、少し後悔している』

　『就職活動は終わったけれど、自分の将来が不安』

　『内定はもらったけれど、就職活動に納得はいっていない』

　『内定をもらった会社に入ったけれど、結局、すぐに会社を辞めてしまった』

　これらの不安・悩み・後悔は、本人にとっても、会社にとっても、日本の経
済界・産業界にとってもよい状態とはいえません。

2 就職活動の本来の目的に立ち返ろう

そこで今こそ、就職活動の本来の形に戻らなければなりません。就職活動の本来の形である**自己分析・自分史作りを通して自分に合う会社を探し、自分の強みをアピールして、自分に合った会社から内定をもらう**のです。

僕は、いびつな状態になった就職活動を「本来のあるべき形」に戻すため、「就活の教科書」を運営しています。そして今回、学生の皆さんの就職活動をお手伝いするために、自分史作りというテーマで自己分析の本を執筆しました。

「こんな就活システムを作った大人が悪い！」と文句を言いたい気持ちはわかりますが、この動きはなかなか変わりません。少なくとも、皆さんが就職活動を終えるまでは変わらないでしょう。僕は、2015年卒として就職活動をしましたが、状況はほとんど変わっていません。むしろ悪化したと感じています。

3 自らの力で歩いていくには自己分析が必要

就活システムが変わらないからこそ、このいびつな就活環境を自らの力で渡り歩いていく必要があります。

楽して簡単に成功したい気持ちはわかります。実際、「就活の教科書」でも「すぐできる」「真似すればできる」という記事はアクセスが集まりやすいです。しかし、僕から伝えたいのは、いびつな就活環境を**自らの力で歩くために、自己分析・自分史作りをしてほしい**ということです。「結局、自己分析かよ！　面倒くさい！」と言いたくなる気持ちはわかります。僕も学生時代はそう思っていました。

自己分析・自分史作りは、一見、面倒くさい作業が必要になりますが、本質を押さえれば、就職活動後半になればなるほど楽になっていきます。自己分析をすれば、以下の3つがわかるようになります。

・**自分が将来向かうべき方向**

・**自分に合った会社**

・**自分の活かすべき強み**

その結果、**自分の将来に合う会社がわかり、その会社に自分を評価されたうえで入社する**ことができます。つまり、就職活動の本来の形に戻れるわけです。

ただ、自己分析は大事だということはわかっていても、「やり方がわからない」「やってみたけれど、この方法で合ってるのかわからない」「自己分析して、何がわかるのかわからない」という学生も多いと思います。

4 お勧めするのは自分史作り

そこで僕がお勧めするのは、自分史作りという自己分析の方法です。

先に自分史シートというフレームワーク（作業を進めるための枠組み）を用意した状態で自己分析を行えば、目的から外れることなく自己分析ができます。**自分史シートを使って一度全体像を作ってから、細かく深掘りを**します。指示に従って枠を埋めていけば完成しますので、「自己分析してるけど、結局、何なのかわからない」という状態を防げます。

5 自分史シートを使って自己分析すれば人生計画ができ上がる

本来の自分史は、自分の年表ということで過去だけを書くのですが、僕が提唱する自分史は**未来も含めています。さらに、理想の未来を達成するために必要なもの（会社）、使えるもの（自己PR）**を加えていますので、自分史1つで自分の人生計画まででき上がります。後は、自分史にまとめた内容を使ってエントリーシートを書き、自分史の中から面接で聞かれたことを話すだけです。

自分史作りは、昔からある自己分析の手法ですが、本書で紹介するのは、僕が数百人の就活生の面談を受けながら改良し続けた新しい自分史作りです。この自己分析の方法は、新聞でインタビュー記事として取り上げられたこともあります（「産業経済新聞」令和2（2020）年2月17日夕刊）。

自分史シートを使った自己分析により、以下の3つを把握します。

・将来のありたい姿

・自分の将来のために必要な会社の条件

・自分の強み

これらの自己分析に代えて会社研究を行うことで、自分に合った会社がわかるようになります。憧れだけの会社や何となくの興味があるだけの会社、つまり、選考を受けても落ちてしまう会社や入社しても辞めてしまう会社を、始め

から除くことができるのです。

　また自分史は、エントリーシートを書くときの指針になります。書くべき自分の強みなどがわかり、書き方もうまくなります。そして面接では、質問に答えるときの指針になります。面接官に伝えるべきことがわかり、答え方もうまくなります。その結果、**自分の強みと将来のありたい姿を理解してくれた、本当の意味で自分に合った会社**から内定をもらうことができます。

　もちろん、実力や経験が基準に届かずに落ちてしまうことはあるでしょうが、少なくともエントリーシートや面接でまったく評価されないということはありません。就職活動を会社に合わせるのではなく、自分に合わせるために自己分析が必要です。本書では、数百人以上の就活生の面談をし、月に何十万人の就活生が見る Web サイトの運営をして培った、本当に役立つ自己分析の方法をお伝えします。

６　ここまで言ってもほとんどの人は動けない

　ここまで、就職活動での自己分析の大切さ、自分史作りのための自己分析の効果をお伝えしてきましたが、それでもほとんどの人はすぐには動けません。そして多くの場合、「自己分析はそのうちやろう」と後回しにし、**エントリーシートの締め切りや面接の準備に追われて、自己分析が不完全なまま選考に進む**ことになります。就活時代の僕がそうでした。結果として、自分自身がわからないまま、エントリーシートを出しては落ち、面接を受けては落ち、自己分析をする間もなく、エントリーシートと面接の準備に追われ、時間を無駄にしてしまいました。

　そして僕は、今までそんな就活生をたくさん見てきました。皆さんにはそんな就職活動の時間を送ってほしくはありません。本書と出会った皆さんにご縁を感じている僕が、全面的に応援します。この機会に、自分史を使った自己分析に挑戦してみましょう。

株式会社Synergy Career

代表取締役 岡本恵典

ワークと自分史が効く！　納得の自己分析

CONTENTS

はじめに …………………………………………………………………… III

本書の使い方 ……………………………………………………………… XII

本書の登場人物 …………………………………………………………… XIV

PART 1 就職活動の全体像を知ろう

1 就職活動の全体像 …………………………………………………… 2

2 現在の就活環境 ……………………………………………………… 6

3 就職活動のトレンド ………………………………………………… 8

4 内定が出やすい学生と内定が出にくい学生 …………………… 10

5 就職活動でするべきこと10＋内定者お勧めのするべきこと3 … 13

PART 2 自己分析の基本を知ろう

1 自己分析は本当に必要なのか？ ………………………………… 26

2 自己分析が必要な理由 …………………………………………… 28

3 就職活動の実際と就活生の誤解 ………………………………… 30

4 自己分析の失敗例 ……………………………………………… 38

5 フレームワーク（自分史シート）が効く ………………………… 41

PART 3 自分史作りの基本を知ろう

1 自己分析で明らかにするのは3つだけ ………………………… 46

2 将来のありたい姿と会社選びの軸 ……………………………… 47

3 自分の強み …………………………………………………… 50

PART 4 自己分析ワークをして自分史を作ろう

1 自己分析ワークの流れ ………………………………………… 54

2 未来の自己分析（1）…………………………………………… 56

ワーク1 将来のありたい姿を書き出す ………………………… 57

ワーク2 将来のありたくない姿を書き出す ……………………… 58

3 過去の自己分析 ……………………………………………… 60

ワーク3 過去のエピソードを書き出す …………………………… 61

ワーク4 感情をグラフ化する …………………………………… 65

ワーク5 続けられたこととその理由を書き出す ………………… 68

ワーク6 続けられなかったこととその理由を書き出す ………… 70

ワーク7 印象に残っていることとその理由を書き出す ………… 72

4	未来の自己分析（2）	……………………………………………… 74
	ワーク8　将来のありたい姿を5W1Hで整理する	……………… 74
	ワーク9　最低限必要な条件を見つける	………………………… 75
5	現在の自己分析	……………………………………………………… 77
	ワーク10　働くうえで必要な条件を整理する	………………… 77
	ワーク11　働くうえで最低限必要な条件を整理する	………… 78
	ワーク12　将来のありたい姿から職種を選ぶ	………………… 79
	ワーク13　将来のありたい姿から業界を選ぶ	………………… 80
	ワーク14　将来のありたい姿から業界を絞り込む	…………… 85
6	自分の強みの自己分析	………………………………………… 87
	ワーク15　問題解決した経験を書き出す	……………………… 88
	ワーク16　書き出した経験を整理する	………………………… 89
	ワーク17　モチベーションの源泉と行動特性から自分の強みを探す	…… 92
	ワーク18　自分の強みを5W1Hで整理する	………………… 92
	ワーク19　自己分析ワークから自分史シートを完成させる	……… 96
	ワーク20　自己分析ワークをまとめ直し自分史を更新する	……… 98
7	自己分析ワーク・自分史シートの例①	
	のぞみさん（文系3年生）の場合	…………………………… 99
8	自己分析ワーク・自分史シートの例②	
	すすむ君（理系3年生）の場合	……………………………… 115

PART 5 自己分析・自分史を活用しよう

1	エントリーシートの作成	130
2	面接への対策	148
3	自分史の更新	152

PART 6 自己分析をさらに深めよう

| 1 | 自己分析のプラスアルファ | 154 |
| 2 | 仕事人生に活かす自分史 | 158 |

付 録 内定者の声・採用コンサルタントの声

| 1 | 内定者の声 | 162 |
| 2 | 採用コンサルタントの声 | 186 |

おわりに 190

【別冊】自己分析ワーク／自分史シート

本書の使い方

1 就職活動・自己分析の解説を読む

　まずは目次の順番どおり、就職活動と自己分析の解説を読み進めてください。

　就職活動の全体像や自己分析の全体像を理解した後に、実際の自己分析のワークを進めることで、今、自分が行っている自己分析がどの部分なのか、この自己分析ができると何がわかるようになるのかがはっきりし、納得感を持って進めることができます。なお、自己分析の意味や目的を理解している人は、解説を読まずに直接自己分析のワークに取り組んでも構いません。

2 自己分析のワークに取り組む

　就職活動と自己分析の全体像を理解した後は、実際に自己分析のワークに取り組んでみましょう。本書では、ワークの取り組み方を1つずつ解説していますので、指示どおりにワークに取り組めば、いつの間にか自己分析が完成します。実際に僕が支援した就活生の例も載せていますので、初めは真似をしながら書き進めてみましょう。

3 ワークの内容を別冊にまとめ直す

　すべてのワークに取り組んだ後は、各ワークでまとまった内容を別冊にまとめ直します。一度書いた内容を改めて書き直すことで、ワークのときには気づかなかった新しい視点が見つかります。また、各ワーク同士のつながりも理解しやすくなり、より納得した自己分析ができるようになります。

　別冊の内容が埋まれば、ひとまず自己分析は完了です。本来は、さらに「なぜ」を繰り返し、自己分析を深めたほうがよいのですが、やりすぎると自己分析が目的化しがちなので、次のエントリーシートの作成や面接の準備に移りましょう。

4 自己分析の結果を使ってエントリーシートを書く

次に、よく見られる項目ごとに、実際にエントリーシートを書いてみましょう。本書では、エントリーシートの質問の意図や書き方、例文、注意点を記載しています。あまり細部にこだわらず、まずは一度エントリーシートを書き切ってしまうのがお勧めです。

書き切った後から面接官の立場になって、わかりにくい点いやもっと知りたい点を書き直したり書き加えたりしましょう。自分が書いたエントリーシートではうまく答えられない箇所があったら、改めて自己分析の結果を見直し、なぜなのか考え直してみましょう。考え直してわかった結果は、別冊に追記していきます。

5 自己分析の結果を使って面接の質問対策をする

エントリーシートができ上がり、ひととおりの修正・追記が終わったら、次は、面接でよく質問される内容への回答を準備していきましょう。本書では、よくある質問一覧や質問の意図、答え方の例文、答えるときのポイントや注意点を記載しています。

うまく答えられない質問があったら、「なぜ」を繰り返し、自己分析を深めましょう。質問への回答準備と自己分析を繰り返すことで、面接対策ができつつ、自分への理解度も高まります。

6 別冊を常に持ち歩きエントリーシート・面接の結果から更新し続ける

面接の質問対策ができれば、基本的な就職活動の準備は完了です。後は、実際にエントリーシートの提出と面接を繰り返しながら、書きにくかったことや答えられなかったことについて、自己分析をさらに深めていきます。そして新しくわかったことは、別冊にどんどん追記していきます。

別冊は常に持ち歩き、自分のことをいつでも振り返られるようにしておきましょう。答えられない質問がなくなったとき、就職活動での自己分析は完了といっていいでしょう。

本書の登場人物

● 岡本

本書の著者。株式会社 Synergy Career 代表取締役。

就活時代は、自己分析が中途半端で、面接に落ち続けた。何とか内定をもらうが、自分の価値観と合わず9か月で退職。自分と同じ、自己分析不足で回り道をしてしまう就活生を救おうと、数百人の就活生を個別支援。就活ノウハウをまとめた WEB メディア「就活の教科書」も運営し、公開されている記事は500記事以上、月に60万回のアクセスを集めている。

● すすむ君

就職活動中の男子学生。

就職活動の時期が近づいてきて、不安になり、自己分析について調べ出した。自己分析しないとまずそうだけど、何から始めればいいのかわからない。大企業に入社したいと思っていたが、ベンチャー企業もありかもしれないと迷っている。学生時代は、それなりにアルバイトやサークル活動をしていたが、「部長でした」などアピールできるエピソードが見つからない。「こんなんで、就職活動大丈夫かな……」と不安になっている。

● のぞみさん

就職活動中の女子学生。

学校の友達が就職活動しているのを見て、まずは自己分析から始め出した。大企業に行ける学歴でもないと思うし、とりあえず一般職で就職して、結婚したら退職しようと考えていた。でも自己分析をしている中で、確実によいパートナーと出会えるわけでもないし、ある程度スキルは身につけたほうがいいのではとも思い始めた。「仕事探しのためには都心に行くべきかもしれないけど、地元は離れたくないし。それから、子供も欲しいし……」と自分の価値観がよくわからなくなっている。

PART 1

就職活動の
全体像を知ろう

自己分析を始める前に、
就職活動全体がどのような状況になっているか、
簡単に紹介します。

（すすむ君）

就職活動を始めようと思ってるんだけど、今年の就職活動ってどんな感じなんだろう？

私はもう就職活動始めているんですが、今年は学生にとってあまり有利じゃないんですよね？

（のぞみさん）

（岡本）

いざ就職活動ってなっても、わからないことも多いですよね。就職活動を始めたばかりの人もいるだろうから、まずは今年の就職活動の全体像から話していきますね。

　まず、就職活動の基本的な流れと、就活生の活動の流れを以下にまとめました。「何月には何をする」というルールはありませんが、多くの就活生・会社は、①**大規模インターンサイトオープン**、②**大規模ナビサイトオープン**、③**経団連**※1**採用選考活動解禁**の3つの時期を区切りとして動いています。

① 大規模インターンサイトオープン（卒業年の前々年6月1日）

- 自己分析
- エントリーシート作成
- 面接対策
- （合同企業説明会）
- （企業説明会）
- （OB/OG訪問）

② 大規模ナビサイトオープン（卒業年の前年3月1日）

- 自己分析
- エントリーシート作成
- 面接対策
- 合同企業説明会
- 企業説明会
- OB/OG訪問

③ 経団連企業の採用選考活動解禁（卒業年の前年6月1日）

- 自己分析
- 面接対策

　就職活動では、基本的に、自己分析＋エントリーシート作成（①②まで）＋面接対策を常に行っていきます。そして、業界研究・会社研究をするために、合同企業説明会・企業説明会に参加したり、OB/OG訪問を行ったりしていきます。

※1　経団連
一般社団法人日本経済団体連合会の略。会社と会社を支える個人や地域の活力を引き出し、日本経済の自律的な発展と国民生活の向上に寄与することを目的とした総合経済団体。日本の代表的な会社1,444社、製造業やサービス業等の主要な業種別全国団体109団体、地方別経済団体47団体などから構成されている（2020年4月1日現在）。

1 大規模インターンサイトオープン

　まず就職活動は、卒業年の前々年6月1日の大規模インターンサイト（リクナビやマイナビなど）のオープンから始まります。これらのインターンサイトでは、インターンシップを募集している会社を調べることができ、実際にインターンシップに応募することができます。6月1日以前からオープンしているインターンサイトもありますが、**リクナビやマイナビといった大規模インターンサイトオープンと同時に就職活動を始める学生が一般的**です。

　そして、就職活動を始めた学生の多くは、インターンシップの募集開始をきっかけに、自己分析、エントリーシート作成、面接対策を始めます。また、会社研究として、興味のある会社の説明会やインターンシップに積極的に参加して、志望する業界を絞っていきます。インターンシップでは社会人に近い仕事を体験できるので、参加することで自分が会社で働くイメージがわきやすくなります。

　就職活動で優位に立つためには、この時期から活動を始め、夏季インターンシップに積極的に参加しましょう。

2 大規模ナビサイトオープン

　大規模ナビサイト（リクナビやマイナビなど）は、卒業年の前年3月1日にオープンします。**大規模ナビサイトオープンと同時に、合同説明会や企業説明会が全国各地で開催**され始めます。そして、この時期から、ほとんどの大企業で説明会や面接が始まり、本格的な就職活動が始まります。会社を広く見られる時期ですので、興味がある会社の説明会には積極的に参加しましょう。

　また、内定に直結する選考が本格的に始まる時期でもありますので、自己分析＋エントリーシート作成＋面接対策は、やはり常に行う必要があります。あわせて実際に会社で働いている人から情報を得るために、OB/OG訪問も積極的に行うとよいでしょう。

　一見、リクナビやマイナビがオープンする卒業年の前年3月1日が就職活動の開始月のように思えますが、就職活動を有利に進めている学生のほとんど

は、それ以前から活動を始めています。少なくとも、卒業年の前年1月から就職活動を始め、2月の冬季インターンシップには参加しておきたいものです。

　さらに理想としては、卒業年の前年1月にはすでに志望業界が絞れており、自己分析も大体は終わらせて、基本的なエントリーシートの項目を完成させておきたいです。なお、基本的なエントリーシートの項目は、**自己 PR と学生時代頑張ったこと・学生時代力を入れたこと（ガクチカ）**を指します。

3　経団連企業の採用選考活動解禁

　今までは経団連に所属している会社は、6月1日より前に採用選考活動を行ってはならないというルールがありました。正式なルールはなくなっていますが、今でも6月を基準に動いている会社は多いです。つまり、卒業の前年の6月1日には採用選考活動が解禁されます。**大企業を志望する学生は、6月1日より前までに面接の対策を完全に終わらせておく必要があります。**

　しかし、ルールとして6月1日から採用選考活動解禁とはされていましたが、経団連に所属していない会社はこのルールを尊重していなかったり、経団連に所属している会社でもひそかに内定を出していたりすることもあります。内定を出している会社かどうかは口コミサイトなどで共有されていますので、自分の志望する会社が何月頃から内定を出しているのかは、調べておくとよいでしょう。

●就職活動のスケジュール

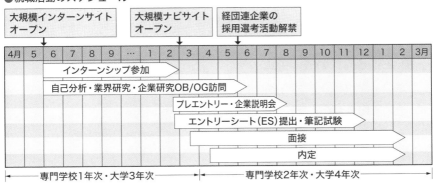

2 | 現在の就活環境

就職活動のだいたいの流れはわかったけど、今の状況が気になるなぁ。

（すすむ君）

今までの就職活動と何か違うのでしょうか？

（のぞみさん）

大きくは、新型コロナウイルス感染症拡大防止対策で、就活現場にいくつかの変化が起こりました。

（岡本）

1 企業合同説明会の中止

　新型コロナウイルス感染症の影響による就活環境の大きな変化として、まず、合同説明会がなくなったことが挙げられます。感染防止のために、大人数を一か所に集めたイベントが開きにくくなり、会社の合同説明会が中止されました。

　このため学生たちは、**多くの会社を知る最初のきっかけをなくし、規模やイ**

メージで会社を選択しがちになりました。そして、より規模が大きくイメージのよい会社に学生の人気が集中しました。

2　面接のWeb化

新型コロナウイルス感染症の影響により、対面の面接からWebによる面接が中心へと変化しました。最終面接までWebで行う会社も増え、**オンラインでのコミュニケーション対応した学生が優位**となりました。画面写りがよく見える工夫をする、オンラインでの通話を練習するなど、Web対応のため周到に準備した学生が通過しやすくなりました。

あわせてWeb面接では学生の本当の人柄が伝わりにくく、対面であれば評価が高かったはずの学生が通過しにくくなるといったことも起きました。会社側もイメージだけで採用学生を選択することが増え、オンラインでのコミュニケーション対応ができない学生は、よい会社にめぐり合うことがますます難しくなりました。

3　情報を集める行動の重要化

就職活動のオンライン化により、地方の学生は、従来よりもさまざまな会社を受けやすくなりました。地方と都心の情報の格差が縮まり、地方で自ら情報を集めようと行動する優秀な学生のほうが、地の利のあった都心の学生よりも、選考に通過しやすくなりました。

また、合同説明会がなくなったことや大学の通学制限により、**学生同士が直接会って情報交換する機会が減り、自分の就職活動の状況が把握しにくい状態**になりました。「受身で自ら行動しない学生」と「危機感を持ち自ら行動できる学生」の間で、就活環境の差が大きく広がりました。

3 就職活動のトレンド

危機感を持って、自ら動かないと
だめなんですね。

（すすむ君）

そういえば、今の就職活動の
トレンドってありますか？

（のぞみさん）

情報収集の方法や就活サービスの利用法
も、日々変化しています。具体的に説明し
ていきましょう。

（岡本）

1 就職活動の情報収集

就職活動の情報収集の方法も時代の流れとともに変わってきています。

従来の就活生は、友人や先輩、学校の就職課などから情報を集めていましたが、現在は、インターネットでの情報収集が主流になっています。就職情報を交換するSNSや、映像を見ながら就活情報が得られる動画サイトも増えています。

特に動画サイトは、就職活動に対して興味を持ちやすく、活動を始めるきっかけになっているようです。実際に就職活動を経験した内定者や、面接をしている人事担当者などの生の声を聞くことができるため、情報収集に活用してみるとよいでしょう。

ただし、インターネットでの情報がすべて正しいわけではありません。動画サイトでリアルな声も聞くことができますが、就職活動のトレンドは常に変化し、今現在もどんどん変わっています。**自ら主体的に行動し、情報をさまざ**

な場所から集め、見極めることが非常に重要となっています。

2 就活サービスの利用

学生たちの間では、以下の2つの就活サービスの利用が増えています。

①スカウトサイト

スカウトサイト（逆求人サイト）は、**登録しているだけで会社から面接など**
の誘いを受けられる、大変便利な就活サービスです。なお、会社から学生にス
カウトメールが届くものと、学生からも会社にアプローチできるものの2種類
があります。

　1　で述べたように、近年の学生はSNSや動画サイトなどから情報を得る
といった受身な人が多いせいか、面接の機会を受動的に受けられることが好評
を得ています。

②就活エージェント

就活エージェントとは、転職エージェント[1]の就活版のサービスで、**自己**
分析のサポートや、**エントリーシートの添削**、**面接の対策**、**会社の紹介**などが
受けられます。スカウトサイトと同様に、近年利用する学生が増えています。

就職活動のアドバイザーが1対1で面談してくれ、就職活動に必要な情報提
供や就職活動の状況分析をしてくれます。ITエンジニア、体育会系、理系、
院生・博士といった専門分野に特化した就活エージェントも存在します。

就職活動の一つの手段としてスカウトサイトや就活エージェントは有効で
す。ただし、やや偏った情報が多くなりますので、**従来の就活サイトも併用し**
て、自らも主体的に就職活動を進めていくようにしましょう。

※1　**転職エージェント**
登録をすると無料で転職相談ができ、求人紹介から面接の日程調整、給与交渉など転職に必要な
サポートを得られる。

4 | 内定が出やすい学生と 内定が出にくい学生

頑張って内定を受けたいけど、どうすれば いいんだろう？

（すすむ君）

内定が出る人と出ない人に、大きな違いが あるのでしょうか？

（のぞみさん）

今まで多くの就活生と出会ってきました が、やはり内定が出る学生にはいくつか共 通点があります。その共通点をお伝えして いきましょう。

（岡本）

1 内定が出やすい学生

　当たり前のようですが、主体的で素直で頭がよく、コミュニケーション能力 が高い学生が内定を取っています。

　しかし、新型コロナウイルス感染症の影響で、変化も起きています。それ は、第2節で解説したように、オンライン環境で情報を主体的に集められる学 生が内定を取っているという点です。情報をいかにピックアップして、自分に

合う内容にまとめられるかが鍵になっています。つまり、**主体的・素直さ・コミュニケーション力に加えて、情報リテラシー**が求められるようになったのです。

　SNSや動画サイトはアクセスするだけで情報が流れてくる受動的なサービスです。これらに慣れ過ぎて、能動的に自ら欲しい情報を検索できない就活生が増えています。情報検索のためのキーワードが考えられない、検索できてもどの情報を信じればいいか判断できないなど、インターネットの活用ができない人も多いです。情報を自分で集められ、かつ、選別できる学生こそが就職活動で内定を手に入れることができます。

　たとえば、簡単なWeb面接でのテクニックを知っているかで差がつくこともあります。Web面接の際には顔写りがよくなるよう意識して、ライトを使用する、窓際の明るい場所に移動するなどしましょう。それだけで面接官への印象が変わり、Web面接の通過率が変わってきましょう。オンラインでのコミュニケーションに関する情報を自分で探し、実行してみましょう。

2　内定が出にくい学生

　一方、内定が出にくい学生の特徴として、まず、**主体的ではない人**が挙げられます。他人や環境のせいにする学生は、会社でも成長しにくいと考えられ、面談に通過しにくく内定が出にくいです。たとえば、「実家暮らしだから自由がない」など、言い訳の多い学生は内定が出にくい傾向があります。

　次に、**コミュニケーションが苦手、質問に対して答えられない人**も内定が出にくいです。回答の理由が理由になってない人や、話が長すぎたり短すぎたりする人も、コミュニケーション力の低い人に当てはまります。加えて、会話の適正な内容や時間配分がわからず苦労する学生もいます。これらの原因として、近年の学生は大人と会話する機会が少なく、大人が求めるコミュニケーションがわからないことが挙げられます。普段、きちんと話せる学生も、面接官である大人たちとは世代が違うことからズレが生まれ、うまく会話ができないようです。

一方、アルバイト先やサークル活動などで、普段から大人とコミュニケーション取っている学生は、面接に強い傾向があります。大人とあまりうまくコミュニケーションが取れないという人は、アルバイト先やOB/OG訪問などで大人と話す機会を増やしていきましょう。そうすれば、大人の会話への理解力が身に付いたり、大人と話すときに必要な情報量がわかったりすることで、少しずつコミュニケーション力が上がっていきます。

　また、相手の意見に対して、すべて『いや』から入ってしまう、**素直でない人**も内定を取るのに苦労しています。面接官にとってはアドバイスをしたつもりが、すぐ反論するといった態度は好感を持たれません。言葉にすると当たり前のようですが、『いや』から始まる口ぐせは、意外と本人が気づいてない場合が多いです。

　面接は、本来、お互いがよい状態で会話をして相手のことをよく知るための場です。面接官とコミュニケーションを取りながら、自分のよさが伝わる場を作らなければいけません。自分を守ることが目的になっている学生は、『いや』と言いがちです。思い当たる人は注意してください。

　以上のように、**言い訳が多く、コミュニケーションが苦手で素直になれない学生**ほど面接で落ちやすい傾向にあります。最後に、それらのことを克服しても、**ブランドや大企業にこだわりすぎる人**は内定が出にくいです。多くの学生から人気のある会社に受かるためには、それなりの飛び抜けた能力や経験が求められています。

　対策として、大企業だけでなく、視野を広げてさまざまな規模の会社を受けてみましょう。高校や大学などの受験のときにも、本命校以外に併願校を受けた経験があると思います。それと同じです。また、大企業だけがいい会社というわけではありません。それぞれ自分に合った会社がきっと見つかるはずです。エントリーした会社にすべて落ちてしまったということが起こらないよう、さまざまな会社にエントリーしてみてください。

5 就職活動でするべきこと10＋ 内定者お勧めのするべきこと3

（すすむ君）

私は就職活動をまったく始めておらず、するべきことがわかりません。今すぐにするべきことから、本格的に就職活動が始まるまでにするべきことまで、全部を知りたいです！

私は友達や先輩から教えてもらった情報をもとに、手当たりしだいに活動しているのですが、きちんとできているのか不安です。就職活動は何から始めるのが正解なのか、優先順位を知りたいです。

（のぞみさん）

（岡本）

就職活動については多くの意見や方法がありすぎて、本当にするべきことを把握するのは難しいですよね。「就職活動でするべきこと」を、優先順位を付けて説明します。内定した学生のお勧めのするべきことも紹介しますね。

13

1　就職活動はするべきことが多い

　就職活動はするべきことが多いです。『○○対策をしなさい』『△△対策もしなさい』などの情報が多くありすぎて、混乱しているかもしれません。また、インターンシップの募集開始や、大手ナビサイトのオープンをきっかけに周りの就活生が動き出し、取り残されているようで不安に感じている就活生も多いと思います。

　しかし、混乱や不安というのは、するべきことが明確になっていないからこそ感じやすいものです。就職活動でするべきことがわかってくれば、混乱や不安も解消されるでしょう。

　そこで、就職活動でするべきことを、今すぐにするべきことから優先順位が高い順に解説していきます。さらに、実際に内定した先輩たちのお勧めのするべきことも紹介します。これらをリスト化して1つずつ確認していけば、するべきことをきちんと把握しておけばよかったという後悔を避けられます。

　するべきことをきちんと実行し、無事に就職活動を成功させたい就活生は、ぜひ参考にしてください。

2　就職活動はできるだけ早く始めたほうがよい

　多くの学生は、そもそも就職活動はいつから始めるのが正しいのかと悩んでいることでしょう。周りの同学年の人たちを見ても、始めている人もいれば何もしていない人もいて、どちらが正しいのかわからないと思います。

　就職活動には、○○頃から始めないといけない、△月から始めておけば間に合うといった明確な基準はありません。つまり、**就職活動はスタートラインが決まっていない**のです。これは、就職活動の一番の特徴ともいえます。スタートラインが決まっていないからこそ、非常に早い時期から始めている人もいれば、いつまで何もしない人もいます。以下に詳しく解説していきます。

　結論から言うと、 1 で述べたとおり就職活動はするべきことが多いため、できるだけ早く始めたほうがよいです。一般的には、**卒業年の前々年6月頃、インターンシップの情報が公開される**時期から動き出すほうがよいでしょう。

また、特にIT業界に見られる早期選考のように、業界によっても選考が始まる時期が異なります。いつから始めるのが正しいという答えはありませんが、無事に就職活動を終わらせたい人は、今すぐにでも動く出し、するべきことを1つずつ実行していきましょう。

3　今すぐにするべきこと

　すぐに動き出すべきということはわかっても、具体的にまず何からするべきなのかがわからなくては踏み出せません。そこで、優先順位が高く今すぐにするべきことから順番に解説していきます。何から始めればよいかがわからずに不安という人は、とにかく順番に始めていってください。就職活動は、まず動き出すことが一番大切です。

　今すぐにするべきことは、以下の3つです。

①就活サイトに登録する

②就職活動に必要な本を購入する

③就活仲間を作る

まだこの3つを始めていない人は、今すぐに実行しましょう。具体的にどのようにしていけばよいか、1つずつ確認していきましょう。

①就活サイトに登録する

　するべきこと1つ目は、就活サイトに登録することです。就職活動は、情報が非常に大切になってきます。

　就活サイトは、企業説明会や就活イベントの情報をメールやサイトの通知機能で送ってくれます。**登録さえすれば、自動的に就職活動に関する情報が手に入ります。**まずは重い腰を上げて、就活サイトへの登録から始めていきましょう。就活サイトは3つほど登録するのがお勧めですが、あまり慣れていない人はまず1つからでも登録してみましょう。

②就職活動に必要な本を購入する

　2つ目は、就職活動に必要な本を購入することです。就職活動は、ある程度するべきこととその方法が確立されており、就活本はその指針になります。試験や受験に向けて参考書や教科書を用意することとまったく同じです。

　とはいえ、就職活動に関する本は種類や冊数があまりにも多く、どれを選べばよいか悩む人もいるでしょう。そこで具体的に、どのような種類の本を買えばいいのかを紹介します。

1）就職活動を知り、自分を知るための本

　最も必要な本は、就職活動の流れと自己分析を学べる本です。まずは、就職活動がどのようなものなのか、自分はどのような人間で、何をして働きたいと思っているのかを知りましょう。

　まずは、おおまかに就職活動の流れを学べそうな本、本書のように自己分析ができるワークシート付きの本を探してみましょう。もちろん、**本書を熟読しワークを繰り返すことで、就職活動の流れを学び、納得のいく自己分析が行えるようになります**。

2）世の中を知り、業界を知るための本

　次に大切な本が、世の中を知り、業界を知る本です。学生は、個々の会社で応募先を考えがちです。しかし、世の中にどのような業界があり、どのような仕事（業種）があるのかを知らないと、自分に会う会社は見つかりにくいです。

　最初は、**世の中の会社にはどのような種類があるのかを広く知るために、『業界地図』**[1]**を読みましょう**。読んだことがない就活生も多いのですが、業界を知っているかどうかで、その後の就職活動の動きも大きく変わっていきます。『業界地図』は、各業界の今後の動向や業績比較といった情報がまとめられ、大変わかりやすい本です。ぜひ一度手に取ってみてください。

※1　業界地図
日本の主要な会社が携わるさまざまな業界（産業）ごとの現状や今後の動向などを視覚的にまとめた書籍。各業界の規模、該当会社名、各社の売上・業績などが紹介されている。

③就活仲間を作る

　3つ目は、就活仲間を作ることです。就職活動は、仲間とともに進めていったほうがメリットが多く、納得する結果を得られる可能性も高まります。就活仲間がいるメリットの例は、以下のとおりです。

- ・リアルで信用できる情報が手に入る
- ・お互いにアドバイスをしたり、励まし合ったりできる
- ・多くの価値観に触れることができる

　そのほかにも、就活仲間がいれば、非常に多くのメリットを得られます。

　早い段階で、友達の中でも特に就職活動や将来について話せる仲間を見つけ、ともに励まし合いながら就職活動を乗り越えていきましょう。ただし、友達の中には、真面目に就職活動に励んでいることをからかってくる人もいます。**就活仲間と普段の友達は線引きをして、友達の意見に流されないよう、きちんとメリハリを付けて就職活動**することをお勧めします。

　皆さんのなかには、熱心に就職活動をしている友達が周りにおらず、就活仲間をどのように見つければいいかわからないという人もいるでしょう。その場合は、就活イベントなどに参加し、知り合った学生と交流してみましょう。また、就職活動を終えた先輩やアルバイト先で知り合った社会人などに相談してみて、自分と同じような仲間を紹介してもらうのも有効です。

4 　環境が整いしだいするべきこと

　就活サイトに登録し、本を購入し、就活仲間を見つけたところで、就職活動を始められる環境が整いました。ただ、その後何から始めてどのように動いていけばよいかわからない人も多いでしょう。

　次に、環境が整いしだいするべきことを解説していきます。環境が整いしだいするべきことは、以下の2つです。

①自己分析を始める

②業界研究・会社研究を始める

　ここからは、具体的に行っていくコツや注意点があるため、実際にするべき

ことを1つずつしっかり理解していきましょう。

①自己分析を始める

　するべきこと1つ目は、自己分析を始めることです。まずは、自分は何が好きなのか、どのような仕事をしたいのか、何にやりがいを感じるのかなどを知ることが第一歩です。

　多くの就活生は、まずどの業界で働くか、どの会社で働くかということばかり考え、会社選びの軸にしていますが、このやり方はお勧めしません。なぜなら、**会社を先に選んでしまうと、その会社に自分を合わせることになり、本当に自分に合った会社を選ぶことができません。**自分という軸が就職活動の軸になるように、まずは適切な方法で、時間をかけて自己分析を進めていきましょう。会社選びはその後です。

　ぜひ、本書のPART4の「自己分析ワーク」に取り組み、納得のいく自己分析をしていってください。

②業界研究・会社研究を始める

　するべきこと2つ目は、業界研究・会社研究を始めることです。自己分析がある程度進んだら、業界や会社の知識を身に付けて、自分の会社選びの選択肢を広げましょう。

　世の中の業界・業種・会社を知ったうえで、自分に合う環境を探していく必要があります。ただし、自己分析が完了してから業界研究・会社研究を始めると本選考までに間に合わない可能性があります。**なるべく自己分析と同時並行で、業界研究・会社研究を進めていきましょう。**

　以下に、業界研究・会社研究のお勧めの手順を説明します。

　まず、 3 で述べた『業界地図』で世の中の業界・業種をおおまかに把握し、自分の興味のある業界を探します。業界理解ができたら、次に会社ごとの理解を深める必要があります。そこで、興味のある業界・会社を詳しく知るために、各会社の採用ページや『就職四季報』[2]を読み、会社ごとの違いや特

徴を把握していきます。

5 本選考が始まるまでにするべきこと

就職活動ができる環境を整え、自己分析と業界研究・会社研究で就職活動の基盤が固められたところで、本格的に選考を備えている就活生がするべきことを解説していきます。

本選考で自分のよさを発揮し、納得できる内定を得るために、本選考が始まるまでにするべきことは、以下の5つです。

① **Webテストの対策をする**

② **エントリーシート（ES）の対策をする**

③ **面接練習をする**

④ **グループディスカッション（GD）の対策をする**

⑤ **インターンシップに参加する**

実際に行動してこそ納得できる内定につながります。1つずつ実際にするべきことを理解していきましょう。

①Webテストの対策をする

1つ目は、Webテストの対策です。しっかりWebテストへの対策をしていないと、面接まで進めない可能性もあります。自分の可能性を狭めないためにも、早めに対策を始めることを心がけましょう。

インターンシップに応募したり、本選考を受けたりする際、第一選考として多くの会社がWebテストを導入しています。多くの種類がありますが、主に「SPI」「玉手箱」「独自テスト」の3種類に分けられます。特に、**「SPI」は導入率が高く、対策をすればするほど通過率が上がります**。志望する会社が導入しているWebテストの種類を把握したうえで、それぞれの対策本を購入し、出

※2　**就職四季報**
会社の客観情報をまとめた書籍。約5,000社に上る会社について、3年後離職率、有給取得年平均、平均年収のほか、入社後の情報までが記載されている。

題傾向をつかんで勉強しておけば、Webテストに対する不安は減るでしょう。

②エントリーシート（ES）の対策をする

2つ目は、エントリーシートの対策です。エントリーシートは、応募者全員が平等に会社への志望度や自分の強みをアピールできるチャンスです。

エントリーシートを受け取った会社は、文面のみで応募者を判断することになるため、自分の魅力をうまく文章で伝えましょう。自己分析で見つけた自己PR、学生時代頑張ったこと・学生時代力を入れたこと（ガクチカ）、志望動機を、上手にエントリーシートで表現できるよう対策していきましょう。

エントリーシートを魅力的に表現する方法は、PART5第1節で解説します。

③面接練習をする

3つ目は、面接練習です。自分の魅力をしっかりと伝えるためには、多くの面接経験を積み、適切な言語化ができるよう面接対策が必要です。

逆にいえば、どれだけ自己分析や業界分析・会社分析ができていたとしても、その結果をうまく言葉で伝えられなければ、面接では通用しません。面接練習はすればするほど、緊張も軽減され、言語化が上手になります。就活仲間やOB/OGなどに協力してもらい、積極的に面接練習をしていきましょう。

④グループディスカッション（GD）の対策をする

4つ目は、グループディスカッションの対策です。グループディスカッションとは、初対面の応募者同士5〜6人で1チームになり、決められた時間内に与えられた題目に対して結論を導くというものです。

最近は、多くの会社が1〜2次面接にグループディスカッションを導入しており、対策は不可欠です。グループディスカッションが導入される理由は、会社では組織として目標を設定し、協力して達成していくことが多く、各応募者について、集団の中での活躍度や役割を知りたいからです。

集団の中でも自分の強みや特徴を発揮できるよう、グループディスカッショ

ン対策にも積極的に取り組んでいきましょう。

⑤インターンシップに参加する

　5つ目は、インターンシップに参加することです。インターンシップは業界・会社に対する理解を深められるだけでなく、本選考につながる可能性もあります。

　また、企業説明会や人事担当者からの話だけではわからない、実際に現場で働いている人の雰囲気や意見を知ることができるため、会社とのミスマッチを防ぐために有効です。インターンシップは、就活サイトや各社のホームページから応募できます。ぜひ積極的に参加してください。

6　内定者お勧めのするべきこと

　以上の就職活動でするべきこと10つを順番に実行していくことで、自信を持って本選考に臨むことができます。

　最後に、納得のいく就職活動ができるように、実際に内定者が取り組んでよかったと感じたことを紹介します。就職活動をうまく進めていくためのヒントになりますので、ぜひ参考にしてください。内定者お勧めのするべきことは、以下の3つです。

　①ニュースを見る・新聞を読む

　②SNSで就活アカウントを作る

　③何度もOB/OG訪問をする

　それでは、内定者がなぜ取り組んでよかったと感じたのかを、1つずつ解説していきます。

①ニュースを見る・新聞を読む

　1つ目は、ニュースを見る・新聞を読むことです。お勧めしている理由は、**業界研究・会社研究や面接対策、グループディスカッション対策に大変役立つ**からです。

ニュースや新聞の情報は、面接質問の『最近気になったニュースは何ですか？』に答えるときに役立ちます。また、グループディスカッションで、難しい題目への答えを導くための背景知識になります。つまり、ニュースや新聞の情報は、就職活動の際に非常に使い道の多い武器になるのです。

普段からニュースを見たり、新聞を読んだりすることを習慣にして、就職活動を有利に進めていきましょう。

②SNSで就活アカウントを作る

2つ目は、SNSで就活アカウントを作ることです。お勧めしている理由は、**他の就活生の意見や人事担当者の意見といった就職活動に役立つ情報を、タイムリーに知ることができるからです。**

近年は、「SNS就活」と呼ばれるSNSを利用した就職活動が一般化してきています。就活用のSNSアカウントを作ることで、就職活動のポイントや、インターンシップの情報などを詳しく知ることができます。プライベートのSNSも利用できますが、就職活動と切り分けたい人は、ぜひ就活アカウントを作ってみてください。

ただし、SNSの情報は、信頼性に欠ける部分がありますので、情報の精査はしっかり意識しましょう。

③何度もOB/OG訪問をする

3つ目は、何度もOB/OG訪問をすることです。お勧めしている理由は、**企業説明会や人事担当者からの情報とは違った角度から、会社や実際の仕事の情報を知ることができるからです。**

OB/OG訪問は、現場で働いている人のリアルな声を聞け、会社のネガティブな部分までも知ることができます。会社とのミスマッチを減らしたり、志望動機を深掘りしたりするきっかけにもなります。ぜひ何度もOB/OG訪問をしてみましょう。

オンラインのコミュニケーションが増えるなかで、直接のOB/OG訪問はし

にくくなっていますが、Web通話などでOB/OG訪問に対応してくれる社会人
も多いです。

まとめ

・就職活動はするべきことが多いため、できるだけ早く始めたほうがよい。

・するべきことを適切な順番で正しく進めれば、納得のいく就職活動ができる

〈今すぐにするべきこと〉

　　①就活サイトに登録する

　　②就職活動に必要な本を購入する

　　③就活仲間を作る

〈環境が整いしだいするべきこと〉

　　①自己分析を始める

　　②業界研究・会社研究を始める

〈本選考が始まるまでにするべきこと〉

　　①Webテストの対策をする

　　②エントリーシート（ES）の対策をする

　　③面接練習をする

　　④グループディスカッション（GD）の対策をする

　　⑤インターンシップに参加する

　　　　　　　＋

〈内定者お勧めのするべきこと〉

　　①ニュースを見る・新聞を読む

　　②SNSで就活アカウントを作る

　　③何度もOB/OG訪問をする

　　就職活動はするべきことが多く、何から始めればよいかわからず不安な人
も、正しい優先順位で進めていけば納得のいく就職活動ができます。時間をか
けて、するべきことを順番に確実に実行していってください。

PART 2

自己分析の
基本を知ろう

そもそもなぜ自己分析をするのか、
まずは自己分析が大事だといわれる理由を
簡単に解説していきます。

1 | 自己分析は本当に必要なのか？

1 自己分析が大切だとは聞いたことがあるが……

　本書を読んでいる皆さんは、自己分析に何かしらの課題を持っていると思います。

　僕は数百人の就活生と面談をした経験がありますが、自己分析に関する悩みで最も多いのが、以下の4つです。

　「頭では大切だとわかっているけど、実際にやるのは面倒くさい」

　「やり方がわからない」

　「やってみてはいるけど、この方法で合っているのかわからない」

　「どこまでやればいいかわからない」

　これらの悩みにもあるように、多くの就活生は、とりあえず自己分析に取り組んではみるものの、結果として中途半端に終わらせてしまっています。そして、エントリーシートの作成や面接での質問への回答がうまくいかず、選考に落ちやすくなっています。

　自己分析には確かに終わりはなく、どこまでやっても切りがありません。しかし、中途半端にしてしまうと、**自分の将来のありたい姿や理想の職場環境など、会社を選ぶうえで欠かせないポイント**が明確にできません。また、「将来のありたい姿を教えてください」「理想の職場環境はどのようなものですか」のような質問は、面接でよく聞かれるため、あらかじめ対策をしておく必要があります。そして、これらの質問に答えられるようにするために、自己分析が必要になるのです。

2 そもそも就職活動の目的は何なのか

　自己分析の方法を説明する前に、そもそもの就職活動の目的をおさらいしておきましょう。

すでに活動を始めている人は、「どうして自分は就職活動をしているんだろう」と悩んだことはありませんか？　僕も就職活動をしていたときには、同じ悩みを抱えていたので、気持ちはとてもよくわかります。しかし、悩んでいても就職活動をしなければならないという状況は変わりません。これを機に、就職活動の目的を改めて考え直してみましょう。就職活動の目的を考えることで、自己分析が重要な理由が見えてきます。

3　就職活動と入社する会社は自己実現の手段

結論からいうと、**就職活動の目的は皆さんの自己実現の手段の一つ**です。

「将来コンサルタントとして独立したい」「マーケティングを専門的に学びたい」といった、将来のありたい姿を実現するための手段として就職活動をします。言い換えれば、自分の人生にとって重要でなければ、無理に就職活動をする必要はありません。自己実現をする手段は、会社への就職だけでなく、フリーランス、自営など、ほかにもたくさんあります。

就職活動をしていると、よく『内定を目的にしないこと』と言われます。就職活動の本来の目的は、自分の将来のありたい姿を実現することであり、そのために会社に就職するという手段を選択するというわけです。たとえば、以下のとおりです。

「裕福な暮らしがしたいから、給料の高い会社に入る」

「給料を高めたいから、実力が身につく会社を選ぶ」

「安定した暮らしがしたいから、福利厚生や給与水準がよい会社を選ぶ」

「転職市場で評価されたいから、スキルが身につく会社に入る」

大切なことのため、何度も繰り返しますが、就職活動の目的は、**会社に入ることではなく、あくまでも自己実現をするための手段**ということを覚えておきましょう。

2 | 自己分析が必要な理由

　第1節で、就職活動と入社する会社が自己実現の手段ということはわかった
と思います。しかしこれが、自己分析が大切なこととどのようにつながるので
しょうか。

　結論から言うと、自己分析は、将来ありたい姿を実現させるために必要な、
**自分の人生の目的をはっきり決めること、会社を選ぶ基準を作ること、会社に
自分をアピールすること**に役立つからです。

　そもそも自分が将来どうありたいのかわからなければ、自己実現の手段であ
る就職活動と入社する会社も選ぶことはできません。そして、自分の強みがわ
からなければ、会社に自分をアピールできず、内定を受けることもできませ
ん。だから、就職活動のために自己分析は欠かせないのです。

　改めてですが、自己分析が必要な理由は以下の3つです。

・**理由①：将来のありたい姿を見つけるため**
・**理由②：ありたい姿から会社を選ぶため**
・**理由③：自分の強みを魅力に感じてもらうため**

　以上について、それぞれ解説していきます。

1　将来のありたい姿を見つける

　自己分析をする理由の1つ目は、将来のありたい姿を見つけるためです。

　そもそもの話ですが、**人生の中で目指すべき方向や目的地がわからなけれ
ば、どちらに歩いていけばいいのかわかりません。**そして、将来やりたいこと
を見つけるために、自己分析が必要になります。つまり、自己分析をすること
で、将来ありたい姿がわかり、やりたいことを実現できる会社がわかります。

　自己分析では、まず今までの経験から、自分が向かうべき方向を決めていき
ます。そして、将来のありたい姿がわかることで、自分が入るべき会社がわか

るようになります。

2 ありたい姿から会社を選ぶ

自己分析をする理由の2つ目は、将来のありたい姿から会社を選ぶためです。

将来のありたい姿が決まれば、それを実現する、または、それに近づくための会社も見えてきます。会社研究で、各業界・会社・事業・職種が、**誰に、何を、どのように提供し、何を目指しているのか**を見ていけば、**将来のありたい姿になるためにどの会社を選べばいいか**わかるようになります。

就職活動で応募すべきは、自分の将来ありたい姿に近づける会社です。志望業界・会社・自分に合った会社がわからないという人は、自己分析をすれば、それらが見えてきます。

3 自分の強みを魅力に感じてもらう

自己分析をする理由の3つ目は、自分の強みを魅力に感じてもらうためです。

当たり前ですが、就職活動では自分の強みや価値観を会社にアピールして、最終的に内定をもらう必要があります。

転職者であれば、前職の経験から『私は○○の仕事ができます（だから雇ってください）』と伝えればいいため、極端なことを言うと、改めて自分の強みを見つける自己分析を行う必要はありません。

しかし、新卒者の場合、就労経験のある学生は少ないため、『私は○○の仕事ができます』とアピールできません。その代わりに、**学生時代の経験や現在のポテンシャル（潜在的な力）**から「仕事ができそう」と会社に思わせる必要があります。

そこで、仕事ができそうであることをアピールするために、自分を振り返る自己分析が必要になります。

3 就職活動の実際と就活生の誤解

1 就職活動のスケジュール

　就職活動のスケジュールについては、PART1第1節でも紹介しましたが、就活生が思っているスケジュールと実際のスケジュールは、大きく違うことが多いです。多くの就活生が誤解しているよりも実際のスケジュールは早く始まり、そして早く終わります。

　多くの就活生は、就職活動のスケジュールについて、大規模ナビサイト（リクナビやマイナビなど）がオープンする卒業年の前年の3月ごろから始まり、会社の採用選考活動が解禁され内々定が出始まる卒業年の前年の6月に面接が始まるとイメージしています。もちろん、これが一般的なスケジュールといわれていますが、実際には、経団連（PRT1第1節参照）が出していたルールどおりに会社の採用活動は進んでいません。現実には、**就職活動は卒業年の前々年の5～6月頃からすでに始まっている**のです。

　大規模インターンサイト（リクナビ・マイナビなど）がオープンするのが卒業年の前々年の6月頃で、早い人はその前後から就職活動を始めています。インターンシップへの参加と本選考は関係がないとされていますが、実際は選考に大きな影響があります。

　卒業年の前々年に夏季インターンシップに参加した学生が、そのまま2～3回面接を受けて、9月には内定が決まっていることもあります。また、卒業年の前々年の12月に内定が決定したり、冬季インターンシップの後、卒業年の前年の1～3月に内定を取っていたりする人も多くいます。

　大規模ナビサイト以外から案内される企業合同説明会や個別の企業説明会もすでに行われていて、早い会社であれば、卒業年の前年の2～3月頃には最終面接が行われていることもよくあります。

　したがって、大規模ナビサイトオープンと同時に始めて、6月頃から自己分

析に取り組もうとすると、本命への応募はすでに手遅れということになります。

　理想の就職活動は、**卒業年の前々年の夏季インターシップに参加し、卒業年の前々年の12月までには自己分析が終わっている**という動き方です。そして、卒業年の前々年の12月までに、志望する会社もある程度方向性が決まっているとさらに理想的です。そして、卒業年の前年の1月頃から志望する会社への選考対策の準備を始め、3月頃に内定を取り切るのが理想的です。

　少なくとも、**卒業年の前年の3月には自己分析が終わっており、卒業年の前年4〜6月で内定を取り切る**べきです。

　以上のように、就職活動は、多くの就活生が思っているより早く始まり、早く終わります。いつから就職活動を始めればいいのかわからないと迷っている人は、今すぐ動き出しましょう。意識したその日から始めるのが、理想的な就職活動のスケジュールです。

　さらに言えば、最近の大学生の中には、2年生から就職活動を始めている人もいます。もっと早い人の場合、1年生から インターシップに参加しているという学生もいます。**就職活動の開始の早期化は、どんどん加速する傾向**にあります。

　特に新型コロナウイルス感染症の流行後は、リアルな情報が得にくく会社の対応も見えにくい状況のために学生も不安なのか、早く就職活動を始める学生が増えたようです。

2 就職活動の目的

　就活生の多くは、ゴールは内定を取ることと考え、目的を取り違えて就職活動をしています。内定を取るために面接を受けて、面接を受けるためにエントリーシートを出して、エントリーシートを出すために自己分析をすると誤解している人が多いといえます。

　第2節でも述べましたが、就職活動は手段でしかありません。人生の本当の目的は、幸せになることや、なりたい姿になることであり、そのために、自分

PART2 自己分析の基本を知ろう

に合う会社を選び、就職活動をするのです。

　手段と目的を取り違えて就職活動をすると、内定を取ったものの、実際に働いてみたら思っていた仕事とは違い、結局すぐに辞めてしまうかもしれません。有名な会社から内定を取ると、就職活動では勝ち組と言われるかもしれませんが、入社した後に苦労する可能性があります。

　入社3年以内に会社を辞める人の割合は、30%以上を占めています。この数字からも、内定を取ることだけを目的にしないようにするべきです。**就職活動は、自分が幸せになるためのきっかけづくり**です。繰り返しますが、就職活動は手段であるという位置づけを忘れないでいてください。特に、就職活動の後半になっていくと忘れがちになります。自己分析ワークシートや自分の手帳にメモをして、いつでも思い出せるようにしておきましょう。

3　面接で見られているポイント

　就活生が面接で見られていると思っているポイントと面接官が実際に見ているポイントは、大きく違います。

　就活生は、聞かれたことに対して全部スムーズに答えられるか、話している内容のレベルが高いかなどを見られていると誤解している人が多いです。しかし、実際に面接官が見ているポイントは、会社にとって一番大事である**自社になじめるか、自社で成果を出せるか**といったことです。これらを知るために、面接官は応募者にさまざまなことを聞くのです。

①質問への答え方

　就活生は、面接官の質問にてきぱきと答えられるかが見られていると思いがちですが、てきぱき答えられなくても問題はありません。コミュニケーションが普通に取れていれば、多少間があってもそれほど気にされません。面接官の質問に対し、自分の考えを適切に返答するというコミュニケーションが取れればいいのです。

　面接官の質問に全部答えられれば合格するのではなくて、**答えた内容から、**

その会社で働くイメージが伝われば合格になります。反対に、面接官の質問に全部てきぱきと答えられても、会社から見て、「この学生が欲しい！」「この学生なら一緒に働ける！」といったイメージにならないと合格しません。話は盛り上がったけれど、学生のいいところが会社側に伝わらず、面接に落ちるということはよくあります。

②学生時代頑張ったこと・学生時代力を入れたこと（ガクチカ）の内容

　次に、学生時代のエピソードについての誤解です。たとえば、学生時代に300人のサークルの代表を務めたというのは、学生にとっては立派な話かもしれません。ビジネスプランコンテストで1位を受賞したなども、学生にとっては高く評価されるはずだと思うでしょう。しかし面接官は、学生時代の実績自体はあまり重要視していません。確かに、何か結果を残したということはそれなりに評価されますが、それだけでは面接は受かりません。なぜなら、社会人である面接官からすると、学生時代に成し遂げたことは、よほど社会的影響力があったり、相当のスキルが必要だったりしないと、それほどすごくはありません。たとえば、学生時代に会社を興し年間の売上が5,000万円というレベルなら評価されますが、そのような学生は滅多にいないでしょう。

　面接官が聞きたいのは、学生時代に成し遂げたことについて、**当時どのようなことを考えてきたのか**、さらに、**考えたことを踏まえてどのように動いたのか**ということです。応募者が、どのようなことを考え、どのように動くかを知ることができれば、取り組む内容は違っても、入社後も同様の思考・行動を繰り返し、同様の力を再現するだろうことがイメージできます。

　面接では、どれほど立派なことを成し遂げたのかを伝えるのではなく、課題に対してどのように考えてどのように行動したかを伝え、**実際に会社で働いたときにどのように活躍するかをイメージさせる**必要があります。その内容が会社の社風や働き方にあっていれば面接に合格します。合格しなければ、その会社には合っていなかったというだけです。

　なお、自分は学生時代に何も立派なことができていないと思っても、落ち込

む必要はありません。自分の考えや行動の特性を理解し、面接官にしっかり伝えられるようにし、自分の考えや行動に合った会社を見つければ、面接は十分通過できます。

③その他の面接官が見ているポイント

面接官が見ているポイントとしては、まず、**最低限のコミュニケーション**が取れているかということです。最低限のコミュニケーションとは、質問に対して、ゆっくりでも言葉数が少なくても、しっかりと答えることです。

次に、最低限の地頭（本来の頭のよさ）です。勉強ができるという意味よりも、ある程度教えたら学習し成長できるということが要求されます。**仕事を教えたら、きちんと学べる能力**があると示すことが大事です。

そして、**欠かせないのが素直さ**です。さまざまな就活ナビサイトにも書かれ、就活情報としてよく出てくるキーワードであるため、もう知っていると思うかもしれません。しかし、素直さというのは、それほど就活生に求められる重要な気質なのです。

改めて、ここで言う素直さとは、教えられたことをきちんと受け止め、自分のものにしようとする心構えのことです。会社は学生を採用した後、仕事を教えなければなりません。その際に、教えても素直に受け止めてもらえないと、仕事に支障を来たしてしまいます。つまり、会社では完成した人材よりも、**ほかの社員の教えなどを学び、会社の中で成長しようと努力する人材**が求められるのです。学生時代の実績より、これからの社会人生活で伸びる下地となる素直さのほうが、面接官にともに働くイメージを与えやすいです。面接では、質問やアドバイスなどを素直に受け止めているかも見られています。

一見、当たり前のことかもしれませんが、意外と物事を素直に受け止められない学生は多いです。たとえば、面接官にアドバイスを受けたときに、『いや』などと否定して素直に受け止められない学生もよくいます。このような反応に対し、面接官は、入社後も仕事を教えるときに毎回反論されるのではないかと思ってしまいます。

　どれほど頭がよく、論理的で反論が上手な学生でも、面接官に一緒に働くのは大変かもしれないと思わせてしまうと、面接に合格できない可能性があります。会社の先輩・上司となる面接官のアドバイスは、まず素直に受け止めるようにしましょう。

4 学歴フィルター

　学歴フィルターとは、特定の高学歴の大学以外の学生を採用選考から外すという行為の通称です。ただし、会社側は、イメージダウンのリスクがあるため学歴フィルターの存在を明確にしないことが多く、就活生には気になるところではないでしょうか。

　学歴フィルターは、メディアからも批判されているため、存在する会社は減少していると考えている人もいるかもしれません。高学歴であることよりも、コミュニケーション能力が高いことのほうが評価されると考えている人もいるでしょう。反対に、結局、学歴ですべて判断されるとあきらめている人もいるかもしれません。

　結論から言えば、**学歴フィルターは存在します**。第一に、就活ナビサイトに仕掛けられています。就活ナビサイトの説明会申し込み画面で、一部の大学の学生には説明会の申し込みが表示され、それ以外の大学の学生には「説明会なし」となっていたり「満席」と表示されたりすることがあります。

　次に、エントリーシートの通過率も、会社側が望む学歴に達しているかいないかで変わってきます。人気の高い会社などは、応募してくる学生が非常に多いため、学歴フィルターを使うことが多いでしょう。ただし、あまり学歴を重視しない会社も確実にあります。

　そして、面接でも学歴を見られることはあります。面接官は、エントリーシートや履歴書を見ながら面接をします。やはり、どこの大学なのかといった情報は、意識して見られるものです。また、学生が発言する内容が非常に論理的であれば、やはり高学歴は違うと高く評価されやすいです。もちろん、きちんと意見を言える学生は、学歴を問わず評価されるはずです。しかし、残念な

がら、学生の発言のレベル感が、学歴と結び付けて評価されることはあるかもしれません。

　以上のように、学歴を見られることは、説明会の申し込み、エントリーシート、面接など、多くの場面であります。

　もちろん、会社側も学歴だけを見ているわけではありません。**学歴フィルターは、効率よく優秀な学生を採用するための一つの基準**でしかありません。ただし、学歴というのは、自分にずっと付いて回るものであり、就職活動の際にまったく関係ないということはありません。高学歴というのは、勉強ができる能力の高さの証拠でもあり、やはり一つの選考の基準にはなるでしょう。

　大企業に入りたい、有名な会社に入りたいという気持ちを否定するわけではありません。しかし、大企業や有名な会社は応募者が殺到し、選考基準が厳しくなり、一定以上の学歴が要求されがちです。**自分と同じ大学出身者の入社実績がない会社は、よほど強く入社したい気持ちがないかぎり、応募先としてあまりお勧めしません。**もしかしたらといった気持ちで応募すると、落ちたときに、準備した時間が無駄になり、精神的に落ち込んで立ち直るのにも時間がかかります。さらに、その間に得られたはずの自分のよさを求めてくれる会社との出会いを、見落とす可能性もあります。

　ほかの就活生と比べて選考に落ちやすく、なかなか面接を通過しないという学生に聞いてみると、応募先が一流の大企業ばかりのことがよくあります。その学生に学力以外の魅力があったとしても、学歴が重視される会社の場合、水準に達していないと内定を取ることは難しくなります。

　学歴フィルターは、以前に比べて減ってきてはいます。しかし、**ある程度の大企業では学歴が求められるということを意識したほうが、かえって就職活動に対する気持ちが楽になる**のではないでしょうか。大企業やブランドに執着しすぎず、自分に合った会社を探し、自分のよさを活かして就職活動をしましょう。

まとめ

〈就職活動のスケジュール〉

・就活生が思っているより、就職活動のスタートは早い

・夏季・冬季のインターンシップに参加すべき

・就職活動は意識したその日から始めるべき

〈就職活動の目的〉

・就職活動の目的は、人生が幸せになること、なりたい姿になること

・内定を取ることは、あくまでも本当の目的のための手段

〈面接で見られているポイント〉

・面接官は学生時代に成し遂げたことや、スムーズに答えられるかを見ているわけではない

・実際に会社で働いて活躍できるかどうか、課題に対してどのように考えてどのように行動するかを見ている

・最低限のコミュニケーション能力、学習能力、素直さがあればよい

〈学歴フィルター〉

・人気の高い会社ほど学歴フィルターが存在する可能性が高い

・自分の大学出身者の入社実績がない会社は、よほど強い意志がないかぎり避けたほうがよい

・学歴に振り回されることなく、自分に合った会社を見つけるべき

4 自己分析の失敗例

　前項までで、自己分析をする必要があることはわかったと思います。

　しかし、自己分析ができているつもりでも、うまくできていない場合もあります。そこで、自分では自己分析の失敗例を5つ紹介します。

- **失敗例①：自己分析が目的になっている**
- **失敗例②：自己分析はしたが、分析内容に漏れがある**
- **失敗例③：自己分析はしたが、分析結果がつながっていない**
- **失敗例④：自己分析はできているが、自分に合う会社がわかっていない**
- **失敗例⑤：自己分析はできているが、自分を採用してもらう理由になっていない**

　以上のような自己分析が、就職活動と人生選択を惑わせます。それぞれ解説していきます。

1 自己分析が目的になっている

　自己分析の失敗例の1つ目は、自己分析が目的になっているものです。

　自己分析をすること自体が目的になってしまい、何のためにしているのかわからない状態に陥ることがあります。

- 「自己分析をしようと思って自分の過去を振り返っていくと、楽しい経験やつらい経験などがたくさんある」→**結局、自分がどういう人間なのかはわからない**
- 「昔はサッカーが好きだったことは思い出せた」→**この経験が、将来どうしたいのか・どうあるべきなのかにはつながらない**
- 「自分の大切な価値観は『自由』だと気づいた」→**自由とは何なのかわからない**

　自己分析の目的は、**自分を深く知ることではなく、会社選びと自己アピール**に活用するためです。また、自分について完全に理解することはできないので、ある程度まで理解できたら自己分析を中断することも大切です。

２　自己分析はしたが、分析内容に漏れがある

　自己分析の失敗例の2つ目は、自己分析はしたが、分析内容に漏れがあるものです。

　自分では自己分析をしたつもりでも、分析内容に漏れがあると、想定している質問にはすらすら答えられますが、想定していない質問をされると何も答えられません。

　そして、**面接を受けるたびに想定外の質問をされ、どの面接も落ちやすくなり**、結局、自己分析不足であったことが判明します。

３　自己分析はしたが、分析結果がつながっていない

　自己分析の失敗例の3つ目は、自己分析はしたが、分析結果がつながっていないものです。

　自己分析の分析結果がつながっていない場合、同じような質問をされていても、面接官の聞き方が変われば答えも変わってしまいます。

　たとえば、**面接で何度も深掘りをされると、別の質問への回答同士で矛盾を起こし**、論理的におかしくなります。そして、質問への回答に説得力が欠けてしまい、面接官に悪印象を与えます。

４　自己分析はできているが、自分に合う会社がわかっていない

　自己分析の失敗例の4つ目は、自己分析はできているが、自分に合う会社がわかっていないものです。

　自分のことはしっかり理解できていても、どのような会社に入るべきなのかはわからない就活生も多いものです。これは、自己分析の結果と、自己分析の目的（自分に合う会社選び）がつながっていないことが原因で起こります。

どのような会社に入るべきなのかがわからないと、自分に合う会社を選べません。そして、自分に合う会社を選べないと、**入社しても会社の雰囲気になじめず、早期退職につながる可能性**もあります。

5 自己分析はできているが、自分を採用してもらう理由になっていない

自己分析の失敗例の5つ目は、自己分析はできているが、自分を採用してもらう理由になっていないものです。

自分のことはしっかり理解できていても、採用するメリットは何かと面接官に聞かれると答えられない例です。これは、自己分析の結果と、自己分析の目的（会社への自己アピール）がつながっていないことが原因で起きます。

面接では、会社の成長に貢献できる人材かどうか判断されています。したがって、**他の就活生**ではなくて、**自分を採用するメリットを面接官**に伝えられないと、面接で落とされやすくなってしまいます。

以上、自己分析の失敗例を5つ紹介してきました。自己分析でつまづいてしまうと、上記のような失敗を経験する可能性があります。これらに当てはまらないようにするためにも、自分で納得できるまでしっかりと自己分析をすることが大切です。

「でも、失敗しない自己分析って、実際にどうすればいいの？」と思う就活生もいると思います。安心してください。

次節で紹介するフレームワークに沿えば、簡単に自己分析ができるようになります。

5 | フレームワーク（自分史シート）が効く

　前節で紹介した自己分析のよくある失敗は、自己分析の全体像を理解していないまま、たまたま手に入れた方法だけを使って自己分析を行った結果です。そこで僕がお勧めする方法が、自分史シートというフレームワークと、それを埋める自己分析ワークです。

　自分史シートを使ってワークを行えば、誰でも分析結果に漏れのない、本当に役立つ自己分析ができます。

〈失敗の原因〉	〈解決方法〉
・自己分析が目的になっている	⇒ 自己分析の目的を理解する
・分析内容に漏れがある	⇒ フレームワークで漏れをなくす
・分析結果がつながっていない	⇒ フレームワークで結果をつなげる
・自己分析が会社選びに使えない	⇒ 自己分析の目的を理解する＋会社選びにつなげる
・自己分析が自己アピールに使えない	⇒ 自己分析の目的を理解する＋自己アピールにつなげる

1 自分史とは何か

　自分史とは、言葉のとおり自分の歴史年表のことです。そして、僕が提案する自分史作りとは、今までの自分の活動をまとめ、これらの活動からわかる①自分の強み、②モチベーションの源泉、③行動の特性、④性格の特性、⑤自分の将来のありたい姿、⑥将来のありたい姿になるために自分が入るべき会社など、就職活動で必要となるすべての要素を明らかにできるワークです。

この自分史は、自分の活かすべき強みや、向かうべき方向、自己実現をする手段としての会社などをまとめられるようになっています。つまり、この自分史を使えば、**自己分析で明らかにすべきことが一目でわかります**。また、今までに行ってきた自己分析の中で、抜けている項目もわかります。

僕が提案する自分史は、自分の過去・現在・未来が反映される内容になっており、自分史作りを通して自己分析をすれば、自分の能力を漏れなく正しく伝えられます。また、志望する会社に評価される自分の強みや、自分をアピールする方法がわかります。

逆に言うと、自分史を使わない自己分析の大半は、自分のことを部分的にしか説明できなかったり、志望する会社に合わせた内容にまとめられていなかったりします。その結果、エントリーシートや面接の中で、自分が正しく評価されない可能性があります。

自分史作りの自己分析ワークで就職活動を成功させ、**就職活動の本来の目的である自分の幸せな人生を手に入れましょう**。

2 自己分析で決めるべきこと

自己分析をする際に決めるべきことは、大きく以下の3つです。

①将来のありたい姿

②会社選びの軸

・会社で手に入れたいもの（スキル・経験）

・最低限必要な条件

③自分の強み

・得意な課題解決の方法（行動特性・思考特性）

・モチベーションの源泉（再現力）

以上の3つが決まれば、エントリーシートや面接でどのような質問をされても、うまく答えられるようになり、自己分析の完了に大きく近づけます。

3 将来のありたい姿がすべての根拠

　自分史作りの自己分析ワークでは、将来のありたい姿が、エントリーシートや面接で聞かれる質問へのすべての根拠になります。将来のありたい姿が間違っていると、質問への回答同士が論理的におかしくなり、話のつじつまが合わなくなります。

　逆に言えば、将来のありたい姿が決まっていれば、面接で深掘りされても、「自分はこれがやりたいから」という理由で面接官を納得させられます。個人の価値観は深掘りしても変わりようがないので、面接官も納得するしかありません。

4 自己分析の終わりとは

　実際にワークをする前に、自己分析の終わりについて簡単に話しておきます。

　厳密に言うと、自己分析に終わりはありません。終わりがないために、非常に深いところまで自己分析をしている就活生をよく見かけます。

　たとえば、自分の将来について考えていくうちに「自分って何だろう？」「自由って何だろう？」「人間って何だろう？」などの領域に入り込んでしまうのです。これらの領域は、ほとんどの人がわかっていないことです。実際に社会人として働いている人の大半も、自分が何かなどはわかっていません。考えることはもちろん自由ですが、就職活動に必要な自己分析から外れてしまいます。ある程度考えたら中断しましょう。

　逆に言えば、就職活動の自己分析には終わりがあります。自己分析の終わりは、**自分の行きたい会社や、なりたい将来像がわかり、エントリーシートや面接で何を聞かれても答えられる状態になったとき**です。ある程度の質問に答えられるようになったら、自己分析はいったん終わりにしましょう。そして、エントリーシートの文章を推敲したり、面接での話し方や話す姿勢を練習したりしましょう。

PART2 自己分析の基本を知ろう

PART 3

自分史作りの
基本を知ろう

まず、自己分析で明らかにする3つのことを
押さえましょう。

1 自己分析で明らかにするのは3つだけ

　Part 2第5節で述べたとおり、自己分析で明らかにするのは、最終的に以下の3つです。

①**将来のありたい姿**

②**会社選びの軸**

③**自分の強み**

　自己分析でよく使われる自分史、モチベーショングラフ※1、SWOT分析※2なども、これら3つを明らかにするためのツールです。**全体像を理解しておけば、自己分析はそれほど難しいものではありません。**

　また、何度も伝えてきましたが、気をつけてほしいのは、自己分析はあくまでも手段ということです。自己分析を目的にして自分を知ろうとしすぎると、泥沼にはまります。自分の価値観を説明しようとしすぎて、「そもそも自由とは何だろう？」「やりがいとは何だろう？」「人間の生きる意味って何だろう？」など就職活動では、考える必要のない領域に足を踏み入れてしまいます。

　そこで、自分史作りという枠を決めておけば、上記のような失敗を防げて、自己分析を手段として活用できます。

　まずは自己分析で明らかにするものを、それぞれ説明していきます。

※1　モチベーショングラフ
これまでの人生で起こった出来事に対し、それぞれのモチベーションの上げ下げを書いたもの。これにより、どのようなときにモチベーションが上がるのかを知ることができる。

※2　SWOT分析
現状のさまざまな要素を、S（Strength；強み）W（Weakness；弱み）O（Opporlunity；適切な機会）T（Threat；脅威）の4つの項目に分類し、「どのように強みを生かすか」「どのように弱みを克服するか」「どのように機会を利用するか」「どのように脅威を取除くか」を考え、今後の戦略を立てるもの。通常、会社の経営分析のために使われるが、自己分析にも当てはめて考えられる。

2 　将来のありたい姿と会社選びの軸

1 　将来具体的に実現したい姿

　自己分析で明らかにすることの1つ目は、将来のありたい姿です。

　将来具体的に実現したい姿とは、夢といったあいまいなものではなく、会社という手段を使って**自分が最終的にどういう状態になりたいのか**という、将来具体的に実現したい姿です。

　ただ、『ありたい姿は？』『将来具体的に実現したい姿は？』と聞かれても、これらの質問に明確に答えられる就活生は多くありません。

　ほとんどの就活生は、とりあえず実現可能そうな、「普通に結婚して、平均的な給料で平和に過ごして、周りから認められて、仕事はそこそこ楽しんでやりたい」といった将来のイメージを持っていると思います。しかし自己分析では、将来具体的に実現したい姿を決めたうえで、その姿を達成するための手段として会社を選びます。そのため、将来の実現したい姿が決まらないと、選考を受ける会社が決まりません。そして、会社が決まらないと、会社にアピールすべき自分の強みも決まってきません。将来の姿といわれると、まだまだあいまいな部分が多いと思いますが、この自己分析をきっかけに、将来具体的に実現したい姿を考え直してみましょう。

　将来のありたい姿を明らかにしていく方法としては、**実現可能かということは考えずに、まずは自分の理想の状態**をとにかく書き出します。将来の理想の状態を書き出す方法としては、尊敬する人の生き方を参考にしてみたり、知っている会社のビジョンを調べてみたりするとよいでしょう。また、逆に、**将来やりたくないことから考えて、自分の実現したい姿を考える**のもお勧めです。これらの方法で、まずはとにかく、自分の将来具体的に実現したい姿を書き出してみましょう。

　ある程度、自分の将来具体的に実現したい姿を書き出したら、次はこれらを

5W1Hで整理してみます。後程の自己分析ワークでも説明しますが、人間の欲求は最終的に他者への貢献に落ち着くことが多いです。将来具体的に実現したい姿を、5W1Hを使って、誰に（Whom）、どのような方法で（How）、何を（What）貢献したいのか、そしてそれは、いつ（When）、どこで（Where）、なぜなのか（Why）にまとめます。

たとえば、以下のとおりです。

・「世界中の人に、日本の製品を、自分の営業力で販売に貢献し、世界での日本の存在価値を上げていきたい」

・「就活生に、正しい就職活動の方法を、WEBサイトを使って理解に貢献し、皆さんに自分らしい就職活動をしてもらいたい」

できなくても、やりたいのならいいのです。

日本企業の採用はポテンシャル重視型であり、それに関して今までである程度経験してきたなら、将来できるようになるとして受け入れられます。

やりたいけれど、できないからと諦める人が多いのですが、やりたいなら、どうすればできるようになるかを考えてほしいです。

そして、将来のありたい姿と必要条件がわかれば、どのような会社を選べばいいのかを考える軸となります。

2 会社選びの軸

自己分析で明らかにすることの2つ目は、会社選びの軸です。

会社選びの軸は、①**会社で手に入れたいもの**と②**必ず満たすべき条件（譲れない価値観）**の2つに分けられます。この2つが揃った会社を選びましょう。

①会社で手に入れたいもの

会社で手に入れたいものには、自分が将来のありたい姿を実現するために必要なスキル・経験・モノがあります。たとえば、プログラミングの知識、営業の経験、経営者との人脈、生活費などです。

②譲れない価値観

　将来のありたい姿に近づけるからといっても、多くの人にはどうしてもこれだけは必要という条件があります。これは、価値観に相当します。たとえば、土日だけは必ず休みたい、毎日10時まで働くとかは嫌だ、有給休暇はしっかり取りたい、絶対に地元で働きたいなどです。

3 | 自分の強み

自己分析で明らかにすることの3つ目は、自分の強みです。

1 自分の強みとは何か

　自分の強みは、一般的には「自分にしかできないこと」などCan の意味合いで
使われることが多いのですが、自己分析における自分の強みは、**仕事で役立つ自
分の行動の特性や思考の特性、そして、モチベーションの源泉**という意味です。

　実際のところ、学生のレベルでは会社で通用する強みを持っている人はあま
り多くありません。第2節で述べたとおり、日本企業の新卒社員はポテンシャ
ル採用といわれるとおり、学生の今の実力ではなく、将来の成長の見込みで評
価されています。

　したがって、就活市場では、今できることではなく、**今後できるようになる
可能性が高いこと**を示す必要があります。そして、この成長確率を表すときに
使われるのが、自分の得意な課題解決の方法である行動特性と思考特性です。

　なお、自分の強みを見つけるときのポイントとして、他人と比べてみるのも
効果的です。面接などで『自分の強みは？』と聞かれると、自信がなくて、な
かなか答えにくいですが、自分に対して「ほかの人は同じことができるか」と
聞いてみると、案外自信を持って自分の強みを言えるものです。

2 得意な課題解決の方法

　次に、行動特性と思考特性がどういったことなのか説明します。以下の行動
特性と思考特性の組み合わせが、自分の強みとなります。

①行動特性
　行動特性は、ある人が課題に対してどのような行動で解決するのかを示す特

性です。

　たとえば、問題に対していろいろな方法を試して解決する、友達の力を借り
て解決する、過去のデータを見て解決するなどです。

②思考特性

　思考特性は、ある人が課題に対してどのような考え方をするのかを示す特性
です。

　たとえば、論理的に考える、感覚で判断するなどです。思考特性がわかれ
ば、その人が今後どのような能力を身につけやすいのかもわかります。

　行動特性と思考特性は、将来自分が活躍しやすい場所を見極めるときに使え
ます。また、面接のときに自分を採用すると**会社にとってどのようなメリット
があるかを示す材料**となります。

　そして、これら2つの特性を活かせる会社を選べば、社内で自然と活躍でき
るようになります。

3　モチベーションの源泉

　自分の強みとあわせて、次に明らかにするのは、モチベーションの源泉です。

　モチベーションの源泉とは、ある人がどのようなときにモチベーションが上
がるのか、やる気が起きるのかの動機になるものです。たとえば、なぜ頑張る
ことができるかというときに、人に喜んでもらうため、自分の目標を達成する
ため、成長を実感しているためということがあります。

　モチベーションの源泉がわかれば、**自分がその会社でモチベーションが上が
るのか、やりがいを持って働けるのか**もわかります。

　自分の強みとモチベーションの源泉は、対になるものです。自分の強みだけ
では、その強みが会社で活かせるかわかりません。また、モチベーションの源
泉だけでは、やる気はあっても自分の強みが発揮されないということが起こり
ます。

行動特性・思考特性・モチベーションの源泉の3つを合わせて、エントリーシートや面接の中で、自分の強みがその会社に合っていて、自分の強みがその会社で発揮できることをアピールしましょう。

PART 4

自己分析ワークをして
自分史を作ろう

PART3で自己分析で明らかにすることを確認したところで、
実際に自己分析をしてみましょう。

1 自己分析ワークの流れ

　PART3で、自己分析で明らかにする3つのこと、つまり、自己分析の目的を確認しました。本PARTで行う自己分析ワークが、どの項目を明らかにするのかもわかるはずです。もし、「この作業って何の意味があるんだっけ」と悩んだら、PART3を見直してみてください。

　それでは、実際に自己分析ワークを進めていきましょう。

　面接官の質問は、基本的に、『具体的には？』『なぜ？』『たとえば？』『だから？』だけです。完成した自己分析ワークを見直すことで、面接官の質問のほとんどに回答できるようになります。

　自己分析ワークの完成図は次ページのとおりです。そしてこの図が自分史となります。実際に書くときのイメージとして、完成された自分史を参考にしてください。

　　　〈質問〉　　　　　　　　〈対策〉

・**具体的には？**　⇒　５Ｗ１Ｈ^{※1}を使って説明する

・**なぜ？**　　　　⇒　経験（過去のエピソード）ではなく意見を伝える

・**たとえば？**　　⇒　過去のエピソードを紹介する

・**だから？**　　　⇒　自分は優秀であり、採用すべきことを伝える

※1　5W1H
When（いつ）Where（どこで）Who（誰が）What（何を）Why（なぜ）How（どのように）の頭文字。本書では、Whoの代わりにWhom（誰に）を使っている。具体的な経験を伝えるときには、5W1Hに当てはめて考えると組み立てやすくなる。

自己分析ワークの完成図＝自分史

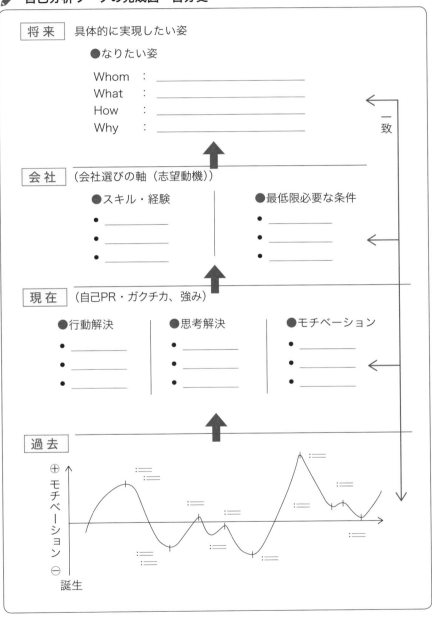

PART4 自己分析ワークをして自分史を作ろう

2 | 未来の自己分析（1）

　将来のなりたい姿は、自分が将来どのような生活を送りたいかから考えます。そこで、①すでになりたい姿がある人と、②まだなりたい姿がない人に分けて説明していきます。

1 なりたい姿がある人

　なりたい姿がある人は、そのままなりたい姿を目指しましょう。そのために必要なことをワークで洗い出し、必要なものが手に入る業界・会社・職種を選びましょう。

2 なりたい姿がない人

　なりたい姿がどうしても見つからない人は、まず、ありたい姿を考えます。あいまいでもいいので、5年後・10年後・20年後それぞれについて、ワークに書き出してみましょう。

ありたい姿の例

・**5年後：20代後半となり、ある程度仕事も覚え、自分ならではの仕事ができる**
　　　　⇒会社ではどのような立場を目指したいか？
・**10年後：家庭を持ち、パートナーや子供と生活をしている**
　　　　　⇒プライベートと仕事をどのように両立させていきたいか？
・**20年後：40歳半ばとなり、子供も大きく育ち、多数の部下がいる**
　　　　　⇒子供や部下たちからどのように思われたいか？

　その歳の自分で実現できるかどうかは考えずに、最高の状態の自分はどのようになっているかを考えてみてください。

　人間は、無意識に自分では無理だとブレーキを掛けるものです。この制約を

外してみれば、自分の本当になりたい姿が見えてきます。

　普通の人生を歩めればいいという就活生が多いのですが、個々に聞いてみると、部下から尊敬されたい、年収は800万円ぐらいは欲しい、モテたいなど、意外とたくさんの姿が出てきます。あくまでも自己分析ワークですので、気軽に自分のなりたい姿を考えてみましょう。

ワーク1　将来のありたい姿を書き出す

　ワークにより、将来のやりたいことを考えます。

　まずは、**将来のありたい姿、なりたい姿、将来やりたいこと、達成したいこと**を、思いつくままに書き出します。

　ありたい姿はあるがやりたいことはない、反対に、ありたい姿はないがやりたいことはあるという人もいます。ないものはないで、気にしなくていいです。

将来のありたい姿の例

- **家族がいる**
- **仕事と家庭が両立している**
- **年収は1,000万円**
- **周りから『すごいね』と言われる**
- **『あなたには負けました』と言われたい**
- **自然に関わりたい**
- **いろいろな仕事に関わりたい**
- **世の中を理解したい**
- **理不尽な境遇をなくしたい**
- **努力した人が評価される社会にしたい**
- **仕事をしながら成長を実感したい**
- **毎日がおもしろい**

✏ ワーク1：未来

● 将来のありたい姿・やりたいことを書き出してみよう

（ワーク2）将来のありたくない姿を書き出す

　次は、ワーク1とは逆に、将来のありたくない姿、将来やりたくないことを考えてみましょう。

　「将来ありたい姿が見つからない！」という人でも、やりたくないことは意外とたくさん思いつくものです。社会人としてわがままだと思うことも、気にせず思いつく限り書き出してみてください。

　ありたくない姿が避けられるかどうかは、後からじっくり考えればよいのです。

┌─────────────────────────┐
│ 将来のありたくない姿の例 │
└─────────────────────────┘

・**怒られたくない**

・**指図されたくない**

・**傷つきたくない**

・**人に迷惑はかけたくない**

・**ずっと日本で過ごしたくない**

・**地元から離れたくない**

✏ ワーク2：未来

● 将来のありたくない姿・やりたくないことを書き出してみよう

┌──┐
│   │
│   │
│   │
│   │
│   │
│   │
│   │
│   │
│   │
│   │
│   │
│   │
└──┘

3 過去の自己分析

　本節では、過去の出来事を使って自分の今までの活動を棚卸しします。自分史作りとは、日本史や世界史などと同様に、今までの自分の歴史年表を作るというワークです。自分史作りのために、自己分析に使う素材をまず集めておくというわけです。

　ただし、今までの人生をすべて書く必要はありません。日本史や世界史でも、すべての事柄が書かれているわけではありません。重要な事柄だけをピックアップします。

　ピックアップする事柄として「重要」とは、**自分の強み・モチベーションの源泉・会社選びの軸を明らかにするうえで必要**という意味です。多くの場合、自分の感情が強く振れた出来事に、これら3つの要素が隠れています。

感情が強く振れた出来事の例

・**大会で優勝するために毎日練習していたが思った結果が残せず、とても悔しかった**

・**文化祭の準備で、皆と一緒に準備しているのが楽しくて幸せだった**

・**ボランティア活動で地域の人と関わっているとき、やりがいを感じて満たされた**

　まずは、小学校・中学校・高校・専門学校/大学それぞれの1年ごとに分けて、感情が動いた、印象に残ったという出来事を書き出してみましょう。

　あわせて、そのときどのような感情だったかを書きましょう。感情は、喜怒哀楽で表現するとわかりやすくなります。このワークは、自己分析ワークでは一番大変だと思います。しかし、情報さえ集まってしまえば、この後のワークはどんどん進んでいきますので、頑張ってください。

ワーク3　過去のエピソードを書き出す

　ワーク2でまとめた将来のやりたいことが、本当に自分が思うことなのか確認するために、過去の経験を洗い出し、感情に丸を付けましょう。強く印象に残ることだけでなく、些細（さ さい）な記憶なども書き出し、エピソードにしてみましょう。

エピソードの例

・小学校1年生

　明るく元気でクラスの中心、わがままな行動をした。ふざけて先生に怒られた

・小学校2年生

　運動会で1位を取ったらプラモデルを買ってもらえると言われていたが、1位になれず泣いた→ずっと泣いていたら買ってもらえた

・小学校3年生

　先生にいいところがあると言われて嬉しかった。やりたいこと・やるべきことで葛藤（かっとう）したことがある

・小学校4年生

　引っ越しして友達と別れた→さみしい・悲しいと思った。自分勝手な性格だから新しい学校で友達ができないのだと思っていた

・小学校5年生

　クラスの女子にアイドルのフィギュアを見ているとからかわれた→悔しくて泣いた

・小学校6年生

　弟から「けい兄」と呼ばれているのを知った先生が、自分もそう呼んでいいかと聞いてきた→断ったが、後悔した

・中学校1年生

　2回目のテストで平均点まで落ちて、勉強をすることの大事さを知った

・中学校2年生

　視力が悪く、前の方の席に座っていたので勉強に集中できた。後ろの席の人たちは寝ていた→それを見ていたらさぼっていたかもしれない

・中学校3年生

　皆が掃除をさぼっていても自分は掃除をしていることを、先生が母に伝えてくれた。誰も見てないと思っていたが、見てくれている人がいることを知った

・高校1年生

　高校デビューしようと思った。デビューというほどのことはできなかったが、話しかけてもらえる嬉しさを知った。頑張っている人は偉いと思った

・高校2年生

　カードゲームに熱中した。引いたカードで勝負しなければいけない→その中で勝負していくのがおもしろい。カードゲームで学んだことが世の中に使えると思った

・高校3年生

　文化祭に積極的に参加して、女友達ができて学校生活が充実した

・大学1年生

　コミュニケーションの本を買った。サークルに入った。毎日必ずLINEを送るというルールを決めていた。彼女ができた→生きている実感がわいた。輝かしい自分になれたと思った

・大学2年生

　彼女に振られて、見返そうと思い課外活動に参加した。ボランティアや国際交流など、嫌がっていたものに挑戦した。生まれ変わろうとした

・大学3年生

　ボランティアや国際交流を繰り返し、サークルの代表になった。人をまとめる、周りを引っ張ることが楽しくなった。活動でコミュニケーションができることに気づいた

✏ ワーク3：過去

● 過去の出来事とそのときの感情を書き出し、感情に丸を付けよう

小学校	出来事
1年生	
2年生	
3年生	
4年生	
5年生	
6年生	

中学校	出来事
1年生	
2年生	
3年生	

高校	出来事
1年生	
2年生	
3年生	

専門学校/大学	出来事
1年生	
2年生	
3年生	

(ワーク4) 感情をグラフ化する

　ワーク3で書き出した出来事の感情を使って、グラフ化してみましょう。いわゆるモチベーショングラフ（PART3第1節参照）の作成です。このグラフが、自分史シートの一部（左側）となります。

　モチベーショングラフは、横軸に時系列を取り、縦軸にそのときの感情をプラス・マイナスで表します。モチベーショングラフを使うことで、今までの人生がどのように浮き沈みしてきたのか、目で理解することができます。

　加えて、ワーク3では書き出せていなかった重要な出来事が見つかると思います。新しく見つかった出来事は追加し、モチベーショングラフも修正しましょう。

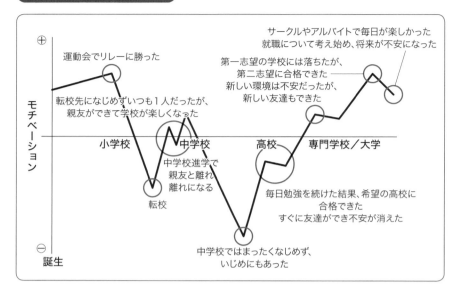

⊕

モチベーション

運動会でリレーに勝った

サークルやアルバイトで毎日が楽しかった
就職について考え始め、将来が不安になった

第一志望の学校には落ちたが、
第二志望に合格できた
新しい環境は不安だったが、
新しい友達もできた

転校先になじめずいつも1人だったが、
親友ができて学校が楽しくなった

小学校　　中学校　　　高校　　専門学校／大学

中学校進学で
親友と離れ
離れになる

転校

毎日勉強を続けた結果、希望の高校に
合格できた
すぐに友達ができ不安が消えた

中学校ではまったくなじめず、
いじめにもあった

⊖

誕生

　感情から作ったモチベーショングラフを活用して、自己分析で明らかにする3つの事柄、会社選びの軸、自分の強み、モチベーションの源泉を明らかにしていきましょう。

✏ ワーク4：過去

● 出来事への感情を⊕⊖でグラフ化してみよう

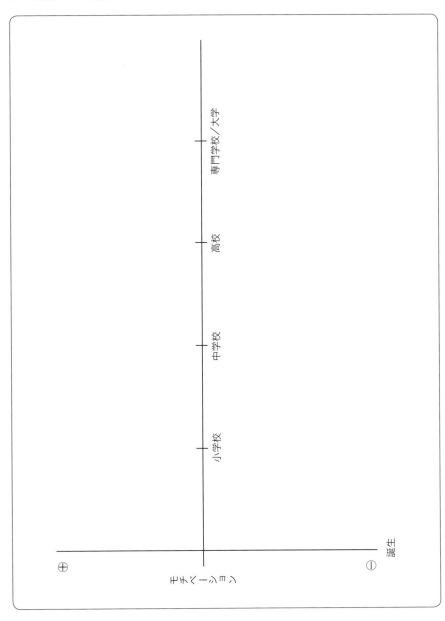

ワーク5 続けられたこととその理由を書き出す

　自分がどのようなことにやりがいを感じるのか、モチベーションの源泉を見つけるために、「続けられたこと」と「続けられた理由」を書き出してみましょう。また、続けられた理由をより深掘りするために、「やめようと思ったこと」「続けると決めた理由」も書き出してみてください。

続けられたことの例

続けられたこと：個別指導の塾講師（大学1年生〜大学3年生）

・長く続けられた理由：**生徒ができるようなると嬉しいから、教科書を読んでいると自分も勉強になるから、子供との会話が楽しいから、給料が他のアルバイトより高いから、教室長に認められたから**

・やめようと思ったこと：**教室長への連絡が遅れた結果、授業のシフトを外された**

・続けると決めた理由：**別の教室長に拾われ別の教室で授業をもらった、前の教室長を見返したいと思った**

　　↓

【まとめ】

・課題を持っている人をサポートするのはやりがいがある

・上司に認められるのは嬉しい

・過程で自分の勉強にもなる

✏️ ワーク5：過去

● 出来事から「続けられたこと」を選び、なぜ続けられたのかを書き出してみよう

続けられたこと①	
長く続けられた理由	
やめようと思ったこと	
続けると決めた理由	

続けられたこと②	
長く続けられた理由	
やめようと思ったこと	
続けると決めた理由	

続けられたこと③	
長く続けられた理由	
やめようと思ったこと	
続けると決めた理由	

まとめ：私が続けられたことの特徴は……

ワーク6 続けられなかったこととその理由を書き出す

ワーク5とは逆に、続けられなかったことも見てみると、自分のやりたいことが逆の面から理解できます。

続けられなかったことの例

続けられなかったこと：コンビニエンスストアのアルバイト（大学1年生6月〜7月）

・続けられなかった理由：**誰でもできるから、給料が低いから、上司に馬鹿に
されるから、ルーティン作業だから、自分がやる意
味がないから、大学から遠いから、大学のイベント
に行けないから**

↓

【まとめ】

・誰でもできてしまうことはあきてしまう

・同じことの繰り返しの作業ではやりがいを感じない

・移動に時間がかかると、私生活の時間が少なくなる

✎ ワーク6：過去

● 出来事から「続けられなかったこと」を選び、なぜ続けられなかったのか
を書き出してみよう

続けられなかったこと①	
続けられなかった理由	

続けられなかったこと②	
続けられなかった理由	

続けられなかったこと③	
続けられなかった理由	

まとめ：私が続けられなかったことの特徴は……

印象に残っていることとその理由を書き出す

　ワーク5・ワーク6以外のこと・覚えていることを見つけましょう。そして、なぜ印象に残っているのか・なぜ覚えているのかを考えてみましょう。そこには感情が絡むことが多く、自分が大切にしている価値観や許せない価値観などを見つけられます。

印象に残っていること・覚えていることの例

印象に残っていること：カプセルトイの自動販売機を見ていたら、クラスの女子に子供だと馬鹿にされた（小学4年生）

・印象に残っている理由：**クラスになじめない中でさらに仲間外れにされた気がしたから、馬鹿にされたのが悔しかったから、自分がダメな人だと言われた気がしたから、仲間に入れてもらえるのが当たり前だと思っていたから**

　　↓

【まとめ】

・**仲間外れにされるが嫌い**

・**馬鹿にされるのが嫌い**

・**馬鹿にされたときの感情は、悔しい、見返したい**

✎ ワーク7：過去

● 「続けられた」こと・「続けられなかった」こと以外の出来事から、「印象に残っている」こと・「覚えている」ことを選び、その理由を考えよう

印象に残っていること①	
印象に残っている理由	

印象に残っていること②	
印象に残っている理由	

印象に残っていること③	
印象に残っている理由	

まとめ：私はこんな性格で、こんな価値観を持っている。

COLUMN

頑張ったことが見つからない……

　頑張ったことが思い出せないという人は、まずは何かの手がかりから探してみましょう。手がかりさえあれば、意外と思い出せるものです。

　たとえば、大学1年生時代を洗い出してみようとすれば、そのとき使っていた手帳を取り出して、どのような出来事があったかを見直してみましょう。また、高校時代・中学時代・小学時代など、さらに昔を思い出したいときは、卒業アルバムや通知表を見てみるのもいいでしょう。忘れていたけれど、思い出になった出来事がたくさん見つかるはずです。

　初めにまとめた、将来なりたい姿や、やりたいことが、本当に自分がそう思っているのかを確認しましょう。

ワーク8 将来のありたい姿を5W1Hで整理する

　過去の経験を踏まえて、将来のありたい姿を5W1Hで整理し直しましょう。

　人間の行動欲求は、結局、「誰にどうなってほしい」という他者貢献にたどり着くことが多いです。自分のことしか考えてないという就活生も多いと思いますが、たとえ将来のありたい姿が「お金持ちになりたい！」であったとしても、その根源の理由は、「自分の子供がやりたいことを応援したいから」なのかもしれません。

　また、他者貢献は仕事内容につなげやすく、エントリーシートや面接でも評価がよいため、考えておくことをお勧めします。

将来やりたいことの例

・誰に（Whom）：**若い人に、恵まれていない人に、努力している人に**

・何をする（What）：**（自分の力で自分の人生を）豊かに（してほしい）**

・どのような方法で（How）：**（効率よく）ネットで**

・なぜ（Why）：**おかしいと思ったから、自分も少しずつ助けてもらったから、対面に限界を感じたから、きりがないから**

・いつ/いつまで（When）：**常に**

・どこで（Where）：**どこでも、主に日本で**

　　　↓

【まとめ】

・**誰かの役に立ちたい**

・効率的にしたい

✏ ワーク8：未来

● 将来のありたい姿・やりたいことを5W1Hで整理してみよう

5W1H	具体的に
誰に（whom）	
何をする（what）	
どのような方法で（how）	
なぜ（why）	
いつ/いつまで（when）	
どこで（where）	

⬇

まとめ：私のありたい姿は…

（ワーク9） 最低限必要な条件を見つける

　次は、将来のありたい姿が達成できるとしても「これだけは譲れない」ということを探してみましょう。

　選んだ会社が自分の分析にすべて当てはまったとしても、その会社で充実し

た仕事ができるとは限りません。特にやりたくないこと、嫌なことはしっかり把握をしておかないと、会社に入ってから後悔することも少なくありません。

最低限必要な条件の例

・毎日、家族で朝ご飯・晩ご飯を食べたい

・人には迷惑をかけたくない

・友達・両親から認められたい

・個人で成果を出しやすい

・土日休み

・好きなときに有給休暇が取れる

✏ ワーク9：未来

● 将来のありたくない姿・やりたくないことから、最低限必要な条件を書き出そう

5 ｜ 現在の自己分析

■1 自己分析の結果を使って会社選びをする

　自己分析ワークも後半です。ワーク4ではどのようなときにモチベーションが高くなるのかを、ワーク9でどのような会社で働くべきなのかを明らかにしました。

　本節では、これらの結果を踏まえ、実際の会社選びのワークに取り組みましょう。

■2 職種を決めて業界を2～3に絞る

　ワークを通じて、就職活動で自分が選ぶ職種を決めて、最終的に業界を絞り込みます。業界数には必ずという制限はありませんが、一般的に、2～3ぐらいがお勧めです。あまり多すぎると、対象となる会社数が多すぎて選べません。また、1つに絞ってしまうと、他の業界も可能性があったと後悔するかもしれません。

　それでは、実際に業界を2～3種類選んでみましょう。

（ワーク10）働くうえで必要な条件を整理する

- -

　自分の将来のありたい姿を実現するために、以下の必要条件を整理します。
- ・必要なスキル・経験：**今の自分に足りないもの、もっと高めるべき能力**
- ・必要条件：**将来やりたくないこと、過去の価値観とつながるもの**
- ・その他の条件：**最高と感じる状態など（自由に書き出す）**

将来のありたい姿：効率がよい

・必要なスキル・経験：**インターネットの操作、IT スキル、技術経験**

・必要条件：**効率が絡む仕事**

・その他の条件：**課題を解決する、うまくいっていることをもっとよくする、**

他人の人生に関わる（転職する・就職する、結婚するなど）

✐ ワーク 10：現在

● 将来のありたい姿のために必要なスキル・経験を書き出そう

将来のありたい姿	
必要なスキル・経験	
必要条件	
その他の条件	

（ワーク11）働くうえで最低限必要な条件を整理する

　次に、働くうえでどうしても譲れない最低限必要な条件を洗い出しましょう。たとえば、給与・勤務地・休日・経営者などの項目について、それぞれ「絶対に欲しい」「絶対に嫌だ」というものを書き出してみてください。

・変化が多い　⇔　変化が少ない

・給料が高い　⇔　給料は一般の水準

・評価される　⇔　放任される

・仕事人間がいない　⇔　仕事に熱中できる

・評価が感情によらない　⇔　仲良くすれば評価される

✏ ワーク11：現在

● 働くうえで最低限必要な条件を書き出そう

```
┌─────────────────────────────────────────┐
│                                         │
│                                         │
│                                         │
│                                         │
│                                         │
│                                         │
└─────────────────────────────────────────┘
```

ワーク12　将来のありたい姿から職種を選ぶ

　業界を絞り込む前に、まずは職種を選びます。一般的に、新卒学生が選べる職種は、**総合職・研究職・一般職**の3つです。

・総合職

メリット：実務を通して自分に合った異動ができる。専門の分野が複数にまたがることが多い。複数の仕事を掛け合せて新しい仕事ができる。

デメリット：希望しない職種に配属させされることもある。予期していなかった転勤の可能性もある。

・研究職

メリット：総合職と比べて、職種の変更があまりない。基本的に研究の強みで仕事を回せる。大学院時代に研究したことを活かしたり極めたりすることができる。総合職に比べて転勤は少ないといえる。

デメリット：研究の内容が向いてないとかなりつらくなる。仕事が1つだけの
ことが多い。研究分野の将来動向にキャリアが左右される。

・一般職

メリット：業務や勤務地域が制限されているため安心感がある。意図しない配
属は少なく、自分の希望どおりになることが多い。地元で生活した
い、親と暮らしたいといった選択がしやすい。

デメリット：キャリアアップの機会が少ない。チャレンジ性のある仕事より、
ルーチンな仕事やマニュアル化された仕事が多い。

ほとんどの新卒学生（特に文系学生）が選ぶのは総合職といえますが、入社
後のキャリアを考えるために、各職種のイメージは持っておきましょう。

エントリーシートや面接でも、どの職種を選びたいか聞かれることがあります。

✎ ワーク12：現在

● 職種を選び、選んだ理由を書き出そう

> ・丸を付ける
>
> 　　　　　　総合職　・　研究職　・　一般職

> ・理由
>
>
>
>

ワーク13 将来のありたい姿から業界を選ぶ

ワーク10・11でまとめた必要条件から、志望業界を選びます。このワーク
で初めて業界を意識することになります。まず、具体的な業界の例を一部紹介
します。

・**メーカー**

モノ（商品・製品）を作る会社のことです。大きく個人消費者向けの商品・製品を作る会社と企業向けの商品・製品を作る会社に分かれています。

例：製菓メーカー（主に個人消費者向け）、繊維メーカー（企業向け）

・**商社**

資源・商品・製品を仕入れて他に販売する会社全般を指します。海外から商品を輸入して日本の会社に販売したり、石油など大量購入が必要な資源を一度に購入し複数の会社に分けて販売したりしています。

さまざまな商品を扱うのが総合商社で、特定の商品を専門的に扱うのが専門商社です。

例：食品専門商社、鉄鋼専門商社

・**流通・小売**

商品・製品を仕入れて消費者に販売する会社のことです。メーカーが作った商品・製品や商社が仕入れた商品・製品を購入し、店舗で消費者に販売します。

例：コンビニエンスストア、スーパーマーケット、ホームセンター

・**金融**

モノではなく、お金を動かして利益を出す会社のことです。経済を回していくのに必要な役割を担っています。

例：銀行、証券会社、生命保険会社、クレジットカード会社

・**マスコミ・出版・広告**

情報を大勢の人に届けることで利益を出す会社のことです。多くの人に影響を与え、文化や流行を生み出すこともあります。

例：新聞社、民間放送（テレビ局）、総合出版社、総合広告代理店

・**ソフトウェア・通信（IT）**

インターネットの情報やインターネット周りのインフラにより利益を出す会社のことです。インターネットやIT機器の進展により生まれた比較的新しい業界です。今までにはなかった新しいサービスを生み出すこともあります。

PART4　自己分析ワークをして自分史を作ろう

例：ソフトウェア（アプリケーションソフト）制作会社、ECポータルサイ
　　ト運営会社、ネット広告会社、通信キャリア

・サービス・インフラ

　モノではなく、形のないサービスを販売する会社のことです。サービス業界
でまとめられていますが、モノが関わらない会社全般を指し、扱うサービスは
各社で多岐にわたります。

　サービス業界は対象が広いため、サービスの中の細やかな業界の仕事内容を
きちんと把握しておきましょう。

　例：不動産会社、電力会社、ホテル、コンサルティング会社、人材サービス
　　　（派遣・紹介）会社、研修サービス会社

・官公庁・公社・団体

　民間企業ではなく、国や地方自治体が運営する組織のことです。公務員・職員
が活躍し、利益を追求せずに、国民の生活を支える重要な役割を持つ組織です。

　例：地方裁判所、区役所・市役所、公立学校法人

　就職活動でするべきことは、①業界、②会社、③職種を理解することです。

　初めは業界から研究していき、次に各業界に該当する会社・職種を研究して
いきましょう。

　研究の方法について、それぞれ説明していきます。

1 業界研究

　業界研究は、『業界地図』（PART 1第5節参照）を見ておおまかに理解する
ことから始めましょう。

　興味がある業界が決まったら、**インターネットで全体像を調べてみたり、
その業界のOB/OGに会う、インターンシップに参加する、企業説明会に参加
する**などで内容を把握したりしましょう。

　実際に選考を受ける志望業界が定まった後は、その業界について書かれてい
る本や雑誌を通読することをお勧めします。ただし、まだ興味があるだけの段

階で本を読み出すと、業界を絞り込むのに時間がかかりすぎてしまうこともあります。本で情報収集するなら、まずはさまざまな業界がまとまっているものから読みましょう。

業界研究の例

・教育サービス：教える能力を高めるきっかけになる。人を成長させることはおもしろそうだ。
・IT：今後も利用され、伸びる可能性が高い業界だから魅力的だ。
・マスコミ：多くの人に影響を与えられることはおもしろいと思う。

2　会社研究

　人数規模・歴史などから、大企業（老舗企業）・中小企業・ベンチャー企業（新興企業）に分けて考えます。

会社研究の例

・**会社A：社員5,000人の大企業、全国に支店を持つ**

　仕事の規模が大きく、世の中に与える力も大きいが、中核に自分が関われるのはいつになるのだろう？　下積みが長そう。

・**会社B：社員1,000人のメガベンチャー企業、創業20年**

　社員も魅力的な人が多いし、一緒に働くと学びは多そう。新しいサービスも提供しているが、今後は新たに作り上げるというより、今ある新サービスを広げるという段階になりそう。サービスを広げることにやりがいを感じられるのか？

・**会社C：社員80人のベンチャー企業**

　オフィスはきれいだが、社員の様子が少しあわただしい。業務システムがまだ安定していないのかもしれない。少し煩雑な環境だが、きちんと成長できるのか？　煩雑だからこそ、成長できるきっかけになるのか？

3 職種研究

　実際に会社で働くことを考えて、どのような職種があるのか、それぞれの職種ではどのような仕事をしているのか調べましょう。

　ワーク12で述べたとおり、新卒の就職活動では、総合職、研究職、一般職の枠で募集されることが多いです。総合職は、入社後に、営業職、企画職、マーケティング職、エンジニア職、クリエイティブ職などに振り分けられます。一般職は、事務職が中心となります。

　また、一概に○○職といっても、業界・規模・会社ごとで取り組む内容は違うため、実際に働いている社員の話を聞くなどして、会社ごとの仕事内容までしっかり調べておきましょう。

職種研究の例

・機械メーカーＡ社　総合職

　新卒は、ほとんど全員が営業職に配属される。すでに取引がある会社に訪問し、課題を聞き出しつつ、新しい商品を提案する。取引先の担当者との関係性が大事で、がつがつした人より、ゆっくり信頼を積み重ねられる人が向いていそう。

・ネット広告Ｂ社　総合職

　新卒は、営業職とエンジニア職に半々で配属される。

　営業職を希望しているので、エンジニア職に配属される可能性があるのは悩みどころ。適性を見て判断するとは書いてあるが、エンジニア職に配属された場合、納得して仕事に取り組めるだろうか？

　営業職に配属された場合、取引先の新規開拓がメインとなるらしい。初対面の人にうまく自社の商品を説明できるだろうか？

・専門商社Ｃ社　一般職

　一般職の場合、仕事内容は事務職、勤務地は大阪で確定。

　コピーやお茶汲みのイメージがあったが、実際は営業の資料作りや、契約書の作成など、パソコンでの作業が多いらしい。パソコンは得意ではないけど大

丈夫だろうか?

　他の会社より営業担当との関わりが強く、資料作成能力以外にビジネスコミュニケーション力も求められそう。

✏ ワーク13：現在

● ワーク10・11・12がそろった業界を選ぼう

業界名	理由
1	
2	
3	
4	
5	

ワーク14 将来のありたい姿から業界を絞り込む

　まず、評価項目を5つくらい選び、ワーク13にまとめた業界に対し、○：2点、△：1点、×：0点で点数を付けていきます。

　業界内の会社一覧を見て、1つずつ自分に合っているか、必要なスキル・必要条件で確認していきます。このワークで初めて会社を意識することになります。

業界名	評価項目 (年収)	評価項目 (成果 主義)	評価項目 (変化)	評価項目 (論理性)	評価項目 (文化)	合計
1 人材	△	○	△	△	△	6
2 教育	△	×	△	△	○	5
3 IT	△	○	○	○	△	8
4 出版	△	△	△	△	○	6
5 広告	○	○	△	△	○	8

✏ ワーク 14：現在

● 絞り込んだ業界について、自分が会社でほしいスキル・経験、求める働き方・したくないことなどから、評価項目を 5 つ程度選び、点数を付けていこう

業界名	評価項目 ( )	評価項目 ( )	評価項目 ( )	評価項目 ( )	評価項目 ( )	合計
1						
2						
3						
4						
5						

　以上の自己分析ワークから、志望動機が完成します。

　志望動機が完成したところで、今度は「自分の強み」を把握しましょう。次節では、学生時代頑張ったこと・学生時代力を入れたこと（ガクチカ）のための自己分析を行います。

自分の強みの自己分析

PART1第1節で述べたとおり、基本的なエントリーシートの項目として、**自己PR**と**学生時代頑張ったこと・学生時代力を入れたこと（ガクチカ）**があります。これらは、会社にとって、採用するメリットは何かを判断する材料になります。

まずは、自分の強みをまとめましょう。自分の強みは、PART2第5節で述べたとおり、**①得意な課題解決の方法**と**②モチベーションの源泉**です。

1 得意な課題解決の方法

得意な課題解決の方法は、行動特性と思考特性に分けられます。先に、思考特性の強みを明らかにしていきます。

ワーク4で作成したモチベーショングラフを見直してください。山と谷になってる部分で、自分はどのようなことを考えていましたか？　また、その課題をどのように解決しようと考えていましたか？　これらの考え方が、自分の思考特性になります。

たとえば、以下のとおりです。

・課題：**受験に失敗した、留学先で新しい友達ができた**
・思考：**勉強計画を立てようと考えた、もっと友達を作ろうと考えた**

次に、行動特性の強みを明らかにしていきましょう。思考特性と同様に、モチベーショングラフの山と谷の部分で、自分はどのような行動したのか見直してみましょう。

たとえば、以下のとおりです。

・課題：**受験に失敗した、柔道の大会に出た**
・行動：**勉強に集中できるように家族や友達に協力を求めた、周りよりも練習量を増やそうと毎日自主的に朝練をした**

以上により、自分の強みにつながる思考と行動が明らかになります。エントリーシートや面接の中で、これらの自分の強みをアピールすることで、会社にとってどのように活用すればいい人材なのかがわかり、面接官に魅力的に映ります。

2 モチベーションの源泉

　次に、モチベーションの源泉を明らかにしましょう。

　モチベーションの源泉は、PART3第3節で述べたとおり、自分がどのようなときにモチベーションが上がるのか、やる気が起きるのかの動機を表すものです。モチベーショングラフの山の部分で、自分がなぜモチベーションが高くなり、頑張ることができたのかを見直してみましょう。

　たとえば、以下のとおりです。

・自分の目標を必ず達成したいと思ったから
・応援してくれる両親の気持ちに応えたいと思ったから

（ワーク15）問題解決した経験を書き出す

　過去の経験について、問題を解決したこと、困難に立ち向かったこと、失敗を乗り越えたこと、目標を達成したことを書き出します。

経験の例

・国際交流サークルのクラブイベントで200人を集客した
・ボランティア団体のゴミ拾い活動で50人を集めた
・塾講師で担当学生の受験を成功させた

✎ ワーク15：強み

● 問題解決したエピソードを書き出そう

(ワーク16) 書き出した経験を整理する

　ワーク15で書き出した経験について、それぞれ以下の5つの視点で整理します。

・課題（問題、困難、失敗、目標）は何だったのか

・なぜ解決しようと思ったのか（モチベーション）

・原因・解決策をどのように考えたのか（思考）

・解決のためにどのように行動したのか（行動）

・結果（成果）はどのようになったか

　以上をそれぞれリストの形式で埋めていきます。

経験：国際交流サークルのクラブイベントで200人を集客した

・課題：**200人の集客を目指す、過去に成功したことはない、できるかどうか
わからない**

・モチベーション：**力試しになる、自分ならできる、歴代で一番優秀なリー
ダーだと示したい、もっと効率よくできる、イベントが入
社のきっかけになる**

・思考：**新規開拓する、友達からの集客に頼りすぎない、Facebook を活用する**

・行動：**関連イベントを探して参加する、知り合いがいたら紹介してもらう、
イベントに誘われたら絶対に行く、参加した先で一番偉い人に会うよ
うにする**

・結果：**目標を達成できた、230人ぐらい来た**

✏ ワーク16：強み

● 書き出した経験を課題、モチベーション、思考、行動、結果で1つずつ整
理しよう

経験①	
課題	
モチベーション	
思考	
行動	
結果	

経験②	
課題	
モチベーション	
思考	
行動	
結果	

経験③	
課題	
モチベーション	
思考	
行動	
結果	

PART4 自己分析ワークをして自分史を作ろう

ワーク17　モチベーションの源泉と行動特性から自分の強みを探す

　自分の強みには、思考特性・行動特性とモチベーションの源泉があります
が、思考特性をアピールすることはお勧めしません。なぜなら、社会人から見
ると、学生の思考力はたいしたことがないことが多いです。もちろん、社会人
にも『それはすごい』と言われるレベルであればアピールしてみてもよいで
しょう。

自分の強みの例

・モチベーションの源泉：**チャレンジ精神、好奇心、負けず嫌い**
・行動特性：**行動力、努力、集中力、リーダーシップ、柔軟性**
・思考特性：**計画力**

✎　ワーク17：強み

● ワーク16で整理したすべての経験からモチベーション、行動特性、思考
　特性を抜き出し、「強み」の単語に言い換えてみよう

分類	強み（単語）
モチベーションの源泉	
行動特性	
思考特性	

ワーク18　自分の強みを5W1Hで整理する

　ワーク17で書き出した自分の強みから、アピールしたい単語を2〜3に絞り

ます。そして、その単語をさらに整理し具体化します。ワークの流れは、①強みを5W1Hで整理する、②強みを具体的な一文にまとめる、③強みが発揮されたエピソードを集めるです。

具体化の例

強み：向上心

【5W1H】

・誰に（Whom）：自分に

・何をする（What）：同世代の優秀な層に負けない（天才には負けてもよい）、ある1つのことは完全に勝っている、他のこともほとんど勝っている、何でもできる、何でも知ってる

・どのような方法で（How）：いろいろな経験をして、いろいろな本を読んで

・なぜ（Why）：子供の頃人気がなかったので人気がある人がうらやましいから、勉強ができたらほめられたから、よりたくさんより強く他人に貢献したいから

・いつ/いつまで（When）：いつまでも

・どこで（Where）：どこでも

　　　↓

【まとめ】

・経験と勉強を通して（how）

・幅広いジャンルで成果を出していきたい（what）

という向上心

　　　↓

【過去のエピソード】

・小学校1年生から3年生まで、落ち着きのない子だと先生と母に怒られた

・でも、勉強ができたらほめられた

・他の人が知らないことを知ってると誇らしくなった

・もっと勉強ができるようになりたいと思った

✏️ ワーク 18：強み

● 5W1H でより具体化しよう

強み①

5W1H	内容
誰に（whom）	
何をする（what）	
どのような方法で（how）	
なぜ（why）	
いつ/いつまで（when）	
どこで（where）	

94

強み②

5W1H	内容
誰に（whom）	
何をする（what）	
どのような方法で（how）	
なぜ（why）	
いつ/いつまで（when）	
どこで（where）	

強み③

5W1H	内容
誰に（whom）	
何をする（what）	
どのような方法で（how）	
なぜ（why）	
いつ/いつまで（when）	
どこで（where）	

ワーク19 自己分析ワークから自分史シートを完成させる

ワーク18までの自己分析の結果を、自分史シートにまとめます。ワーク19では、ワーク4に対応した自分史シートの右側を作成します。

すべてを埋め終わったら、それぞれの項目の内容に一貫性があるか確認してください。もし、内容が一致していなければ、どれかの項目が違っている可能性があります。

✏ ワーク19：自分史シート（右側）

● 自己分析の結果から自分史を作ろう

将来 具体的に実現したい姿

　　　●なりたい姿

　　　Whom：＿＿＿＿＿＿＿＿＿＿＿＿＿＿

　　　What ：＿＿＿＿＿＿＿＿＿＿＿＿＿＿

　　　How ：＿＿＿＿＿＿＿＿＿＿＿＿＿＿

　　　Why ：＿＿＿＿＿＿＿＿＿＿＿＿＿＿

⬆

会社 （会社選びの軸（志望動機））

●スキル・経験
- ＿＿＿＿＿＿＿
- ＿＿＿＿＿＿＿
- ＿＿＿＿＿＿＿
- ＿＿＿＿＿＿＿
- ＿＿＿＿＿＿＿
- ＿＿＿＿＿＿＿

●最低限必要な条件
- ＿＿＿＿＿＿＿
- ＿＿＿＿＿＿＿
- ＿＿＿＿＿＿＿
- ＿＿＿＿＿＿＿
- ＿＿＿＿＿＿＿
- ＿＿＿＿＿＿＿

⬆

現在 （自己PR・ガクチカ、強み）

●行動解決
- ＿＿＿＿＿
- ＿＿＿＿＿
- ＿＿＿＿＿
- ＿＿＿＿＿
- ＿＿＿＿＿
- ＿＿＿＿＿

●思考解決
- ＿＿＿＿＿
- ＿＿＿＿＿
- ＿＿＿＿＿
- ＿＿＿＿＿
- ＿＿＿＿＿
- ＿＿＿＿＿

●モチベーション
- ＿＿＿＿＿
- ＿＿＿＿＿
- ＿＿＿＿＿
- ＿＿＿＿＿
- ＿＿＿＿＿
- ＿＿＿＿＿

PART4 自己分析ワークをして自分史を作ろう

97

ワーク20 自己分析ワークをまとめ直し自分史を更新する

　ある程度就職活動が進んだら、ワーク19までの自己分析の結果・自分史の内容を、もう一度別冊にまとめ直します。改めて、以下を確認していきます。

・将来なりたい姿
・過去から見ても合っている将来の目標
・必要なスキルと必要条件
・志望する業界・規模
・アピールする自己PRと学生時代頑張ったこと・学生時代力を入れたこと（ガクチカ）

まとめ

・エントリーシートの主な項目に、自己PRと学生時代頑張ったこと・学生時代力を入れたこと（ガクチカ）がある
・自分の強みは、得意な課題解決の方法とモチベーションの源泉から明らかになる
・思考特性と行動特性の強みを明らかにしていく（先に思考特性を明らかにする）
・モチベーションの源泉は、やる気になる動機を表すもの
・なぜ、モチベーションが高くなるのか、頑張ることができたのかを見直す
・最後に自己分析ワークの結果と自分史シートをまとめ直す

　それでは、第7節・第8節で、のぞみさんとすすむ君の自己分析ワークと自分史シートを紹介します。

7 自己分析ワーク・自分史シートの例① のぞみさん（文系3年生）の場合

✎ ワーク1：未来

● 将来のありたい姿・やりたいことを書き出してみよう

- ・結婚して子供がいる
- ・年収500後半〜700万くらい？
- ・仕事と家庭を両立する　子供に時間を使ってあげたい
- ・子供から憧れるお母さんになりたい
- ・仕事で成長を感じたい
- ・いろんなことに関わりたい
- ・重要・責任のある仕事も経験してみたい
- ・「のぞみさんでいい」じゃなくて、「のぞみさんがいい」と言われる存在になる
- ・信頼される人になる
- ・価値観が合う環境で働きたい

✎ ワーク2：未来

● 将来のありたくない姿・やりたくないことを書き出してみよう

- ・毎日同じ作業しかしない
- ・お金のことを常に考えて生活しないといけない
- ・誰でもできることを仕事にしたくない
- ・面白くない人・適当に働く人と働きたくない
- ・環境が悪いところは嫌だ

✎ ワーク3：過去

● 過去の出来事とそのときの感情を書き出し、感情に丸を付けよう

小学校	出来事
1年生	入学式前に短くぱっつん前髪にされて(嫌だった) →母によるとこだわりがあった？ 人見知りと恥ずかしがりやがすごい 発表するのが(嫌で)泣いていた
2年生	放課後や土日に友達と遊びに行くのは、お母さんが心配するからお店か家で基本留守番 一人遊びをすることが多い（絵を描く、漫画、絵本、りかちゃん）
3年生	友達が通っていたから、書道習い始めた 褒められたり、名前が載ったりするのが(嬉しかった) 土曜日に遊べないのが(嫌で)一年少しでやめた 雑誌や漫画読む、切り取りにはまる
4年生	多分小4くらいまでリレー選手だった 学研で全国一位になる　次回98点で一位取れなかったのが(悔しかった) Zaraの奇抜な服は少し(恥ずかしかった)けど、大人っぽい服や靴をお母さんが買ってきてくれるのが(嬉しかった) 服を作るおもちゃやカード、ゲーム　ファッション関係ものばかりすることが多かった
5年生	受験勉強始める 「HAPPY BOOK」の社長役 クラスで会社の体験？をするときに雑誌やコラムを作成する会社を作った みんなが楽しみにしてくれるのが(嬉しく)て、長く続けた
6年生	中学校受験：地元でヤンキー多いから行きたくなかった・兄が行っていた エイサーソーラン　前列で踊る違うパートを担当 先輩が踊っているのをみていて憧れていた　練習大変だけど、踊るのが(楽しかった) 塾のせいで、遊べないのが(辛かった) 放課後ギリギリまで外で遊んで、塾行くことが多かった

中学校	出来事
1年生	美術部入る：週1しか休みがない運動部は（きついと）思った　絵が好きだった 二週間後バドミントン部入る：兄がしていてやりたいと思った　美術部暇だった　運動したくなった 人見知りで大体同じ子といた
2年生	同学年で強い子　言われた練習をこなさず、試合にだけ参加する友達にムカついて部室で（怒る） その2人以外はちゃんとやっていた 怒ったら、1人はみんなに対する態度が変わって優しくなる 着付け競争で優勝 中心メンバー　居残ったり持って帰って進めたりすることが多かった（服が（好き）、行事が（好き）、やるなら勝ちたい） アイデアを形にしたり、みんなでなかよく取り組んだりするのが（楽しかった） のぞみちゃんのおかげって言われるのが（嬉しかった） 戦略的に取り組んだ（スピード勝負ではなく、質重視　綺麗な完成形ではなく、手作りらしさあえて残す）
3年生	運動会でよさこいフリ作り　中心メンバーを務める　考えるの（楽しい）（衣装や振りを考え、教える担当） バド部　副キャプテンになる 責任感

高校	出来事
1年生	進学クラス所属 文化祭のパーカーをデザインする（ファッションが（好き）、絵を書くのが（好き）だったから、友達に勧められる）一からデザインを考えるのは、（難しかった）けどみんなが喜んでくれた・出来上がったときは（嬉しかった） 少し無難になってしまったことが（悔しかった） 部活キツかったけど部員が（好き）で（楽しかった）

2年生	勉強を優先して部活を辞めるか迷った ・（受験勉強＋Ｆ組にのこるため）の勉強をしたい ・Ｆ組に部活をしている人が少なかった 顧問に辞めたいと伝えたら「文武両道のお手本として頑張ってほしい」と言われた →勉強を優先にしつつも部活は続ける ・インフルエンザで授業内容がわからなかった時に悔しかった ・テスト期間に盲腸で手術　入院中に1人で勉強しようとしたけど、痛くてできなかった 結果テストがあまりうまくいかなくて、悔しかった ・バド部副キャプテンになる →顧問に「キャプテンにしたかったけど、勉強も頑張っていて負担が増えるから副キャプテンになって欲しい」と言われる 嬉しい気持ち（先生が気にかけてくれている）と悔しい気持ち（キャプテンできたかも） キャプテンがみんなにズバズバ言うのが苦手だったから、副だけど私が指示することも多かった
3年生	私立文系に絞るため、進学クラス（国公立志望）から普通クラスに参入 友達が少ないクラスだったから、はじめは馴染むのに悩んだ いじめっ子に妬まれたり嘘の噂を流されたりすることともあったけど気にしないようにしていた ・最後の大会に向けて、ダブルスペアの編成 2歳下の後輩（県でシングルス2位経験あり）の実力者と組む 元から仲は良く、組めたことは嬉しかったけど、自分の実力の無さに悩む 基礎の徹底と合言葉によるメンタルケア？をした 結果ダブルスベスト4入り・四国大会出場 「のぞみ先輩とのダブルスが一番楽しいですし、これからも一番です」と言われたのが一番嬉しかった ・生徒会務める 理由：内申点稼ぎたい（推薦勝ち取るため） したかったことは、体育祭の応援団作ること →作って盛り上げたいし、自分たちの代の名前残したいねって話した 大学受験失敗 悔しかったけど、浪人するほどのモチベーションはなかった 浪人するなら、早く大学に行きたいと思った

専門学校/大学	出来事
1年生	・ホームシックになる（地元に帰りたいと思った） ・初めてのダンスに挑戦する　ダンスサークル入会 ・スポーツサークルに所属し、合宿委員になる 　先輩から声をかけられる　企画(好き)だし、頼まれたらやりたい
2年生	・ずっとしたかったアパレル店員のバイトする　思った以上に(難しく)て(大変)だったけど、(楽しかった) ・学生団体主催のファッションショーにモデル出演 ・自信つけたい・挑戦できない自分を変えたい ・勇気を出した ・加えて、ミスコンにも参加しようとしたが、挫折→今までで一番(辛かった)
3年生	・「就活の教科書」ライター始める

✏ ワーク4：過去

● 出来事への感情を⊕⊖でグラフ化してみよう

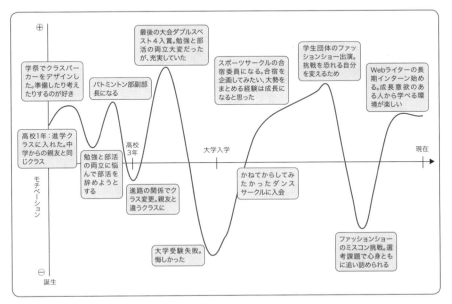

✎ ワーク5：過去

● 出来事から「続けられたこと」を選び、なぜ続けられたのかを書き出して
みよう

続けられたこと①	バドミントン部（中1〜高3）
長く続けられた理由	・同期や後輩が好きだった・充実してた・副キャプテンの責任感・ここまで続けてきたのに、せっかく始めたしっていう気持ち・バドミントンが楽しかった・成長できると嬉しい ・褒められると嬉しい
やめようと思ったこと	・中1の夏休み 練習きつすぎて辞めたかった ・中3の終わり 引退して、高校は勉強しようと思った ・高2〜3 受験勉強に力入れようと思った 中途半端に部活するの嫌だと思った 周りの子が部活やめ出した
続けると決めた理由	ここまでやってきたから 副キャプテンの責任 友達といるのが楽しい

続けられたこと②	受験勉強
長く続けられた理由	・合格したかったから ・将来幸せになるためと思っていた ・負けたくない気持ち ・親や親戚が褒めてくれる ・テストの点数がいい・ランキング高いと嬉しい
やめようと思ったこと	・なんて受験勉強が必要かわからなくなったとき ・思い通りに成績が伸びないとき ・ずるをした人が推薦とったとき
続けると決めた理由	できない自分が悔しい 褒められると嬉しい

> まとめ：私が続けられたことの特徴は……
>
> 　　　　責任感・負けず嫌いさ・褒められるのが嬉しい

✏️ ワーク6：過去

● 出来事から「続けられなかったこと」を選び、なぜ続けられなかったのか
を書き出してみよう

続けられなかったこと①	書道
続けられなかった理由	・土曜日に遊べないのが嫌だった ・飽きてきた

続けられなかったこと②	ミスコン
続けられなかった理由	・選考課題のライブ配信が苦手だった・辛かった ・やっている意味がわからなくなった

> まとめ：私が続けられなかったことの特徴は……
>
> やる意味・目的がわからないとき　飽きるとき

✏️ ワーク7：過去

●「続けられた」こと・「続けられなかった」こと以外の出来事から、「印象に残って
いる」こと・「覚えている」ことを選び、その理由を考えよう

印象に残っていること①	中学のときに練習をサボっているのに試合だけ参加する友達を叱ったこと
印象に残っている理由	怒るか迷ったけど、怒った　その結果、その子の態度はよくなってみんなに優しくなった 変わりように驚いた　ちゃんと叱って良かったと思う

印象に残っていること②	着付け競争優勝
印象に残っている理由	みんなで1つのことに取り組む過程が楽しかった 作戦どうりに優勝できたのが嬉しかった

印象に残っていること③	ファッションショー出演
印象に残っている理由	短い期間で今まで出会わなかった人とたくさん出会って刺激になった 大変なこともあったけどチームメンバーと絆が深まったりしたのが楽しかった
まとめ：印象に残っていること	チームでの出来事は印象に残っている

> まとめ：私はこんな性格で、こんな価値観を持っている。
>
> 責任感・負けず嫌いさ・褒められるのが嬉しい

✏ ワーク8：未来

● 将来のありたい姿・やりたいことを5W1Hで整理してみよう

5W1H	具体的に
誰に（whom）	周りに？
何をする（what）	刺激を
どのような方法で（how）	私が頑張る姿・相手を褒める・相手の立場になる？
なぜ（why）	自分がモチベーションを人から受けている
いつ/いつまで（when）	いつも
どこで（where）	未定

> まとめ：私のありたい姿は…
>
> 「のぞみさんでいい」じゃなくて「のぞみさんがいい」と言われるような人になる。私がいることで周りに刺激を与えられる・頑張ろうと思ってもらえる

ワーク9：未来

● 将来のありたくない姿・やりたくないことから、最低限必要な条件を書き出そう

- ・評価される
- ・教育制度整っている
- ・給与は生活に苦労しないある程度欲しい
- ・ワークライフバランス取れる
- ・仕事を楽しめる
- ・「○○しろ」ばかり言われるのは嫌だ
- ・育休取れる
- ・社員が仲良い
- ・仕事に責任感ある人がいる

ワーク10：現在

● 将来のありたい姿のために必要なスキル・経験を書き出そう

将来のありたい姿	「のぞみさんでいい」じゃなくて、「のぞみさんがいい」と言われる人になる →周りの刺激剤になる
必要なスキル・経験	・メンタルの強さ ・主体性 ・行動力 ・効率をあげるスキル　パソコン操作ノウハウ ・論理的思考 ・プレゼン力・分かりやすく伝える技術
必要条件	・個人だけでの仕事はしたくない→チームで働く
その他の条件	・私のおかげだと感謝される ・自分がしたことを正当に評価してもらえる ・暮らしを豊かにすることができる

ワーク11：現在

● 働くうえで最低限必要な条件を書き出そう

働き方：チームで働ける・成果やプロセスなど評価制度がしっかりある
給料：月に20万以上
福利厚生：住宅補助あり　育児休暇取得しやすい
理念に共感できる
給料のためだけにやるのは嫌だ

ワーク12：現在

● 職種を選び、選んだ理由を書き出そう

・丸を付ける

（総合職）・　研究職　・　一般職

・理由
毎日おんなじことをする一般職はつまらなさそう
慣れたら、誰でもできるんじゃないかなと思うから、私である必要性がわからない

ワーク13：現在

● ワーク10・11・12がそろった業界を選ぼう

業界名	理由
1 広告代理店 （webマーケティング会社）	社会へのインパクトが大きい。いろんな視点で物事を考える力つきそう 正解がないところが大変だけど、目に見えて効果が知れる。毎回違うことをするから、飽きなそう
2 繊維商社	服が好きだから、いろんなブランドと関われるのは面白そう・バイヤーとして世界に行くの楽しそう

3 ハウスメーカー（空間デザイン会社）	自分の力でお客様の人生で一番高い買い物をサポートするやりがい凄そう カフェやホテルの内装作りに興味がある。どういう意図で作られた空間か気になる 両親の影響で空間づくりに魅力を感じる
4 IT	今後DXできないと遅れていくから　伸びる可能性を秘めている

✎ ワーク14：現在

● 絞り込んだ業界について、自分が会社でほしいスキル・経験、求める働き方・したくないことなどから、評価項目を5つ程度選び、点数を付けていこう

業界名	評価項目（メンタル強さ必要性）	評価項目（成果主義）	評価項目（変化）	評価項目（年収）	評価項目（文化）	評価項目（ワークライフバランス）	合計
1 広告	○	○	○	○	△	×	9
2 繊維商社	○	○	○	△	△	△	9
3 ハウスメーカー	○	○	△	○	○	△	10
4 IT	△	△	○	○	△	○	9

✎ ワーク15：強み

● 問題解決したエピソードを書き出そう

・サークルの合宿を全員が仲良くなれる機会にした（稀にくるメンバーの疎外感なくす）
・ファッションショーでトップステージを歩く目標を達成した
・自虐的な部員が引き起こす雰囲気悪化をケアしたことで解消した
・ダブルスでベスト4入賞した

✏ ワーク16：強み

● 書き出した経験を課題、モチベーション、思考、行動、結果で1つずつ整理しよう

経験①	スポーツサークルの合宿委員として合宿を全員が仲良くなれる機会にした（稀にくるメンバーの疎外感なくす）
課題	稀に参加するメンバーが参加しにくい雰囲気がある
モチベーション	ダンスサークルが忙しくてスポーツサークルにあまり行けていない時期があった。その頃自分もスポーツサークルの方は雰囲気的にいきにくかった経験をしていた
思考	特定のメンバーがグループ化してしまっている（内輪ネタになりがち）
行動	合宿では、普段関わらないグループ以外のメンバーでの班行動、自然と話題ができるレクリエーションを数多く実施
結果	満足度高い、グループ関係なく楽しむ様子が見れた、話したことないけど話して仲良くなっている様子を見れた　合宿後にグループ関係なく遊びに行く様子を見れた

経験②	ファッションショーでトップステージを歩く目標を達成した
課題	チームワークがよくない、パフォーマンスもよくない
モチベーション	やるからには高い目標のトップステージを歩きたいという気持ち
思考	チームメンバーのイベントに対する熱量の差
行動	①自分が積極的に練習することで刺激になる ②口数の少ないメンバーにたいして積極的に話しかける ③アドバイスをする時には、共感と小さな成長を伝える
結果	全員が積極的になり、目標のステージを勝ち取った

経験③	自虐的な部員が引き起こす雰囲気悪化をケアしたことで解消した
課題	団体戦に出られない同期の部員が、自虐的になったことで部の雰囲気が悪化
モチベーション	チームにおいて誰かが方向性違うと上手く行かないと思った（団体戦メンバーに迷惑かかるのも嫌だ） 副キャプテンの責任感
思考	その部員の当事者意識の欠如？自己中心的な考え方をしていたところ
行動	悩みを聞く＋団体メンバー以外もチームであり、協力できることがあることを伝える
結果	練習に積極的になり、雰囲気もよくなった

経験④	ダブルスでベスト4入賞した
課題	パートナーとの実力差・2人ともネガティブ
モチベーション	パートナーに迷惑かけたくない、目標のベスト4入りたい
思考	実力差については、経験値の問題だが、基礎の徹底力とネガティブさについては、切り替えの悪さ
行動	基礎の徹底練習、意識することを合言葉にし切り替える・ポジティブさをたもつ
結果	ベスト4達成

✎ ワーク17：強み

● ワーク16で整理したすべての経験からモチベーション、行動特性、思考特性を抜き出し、「強み」の単語に言い換えてみよう

分類	強み（単語）
モチベーションの源泉	責任感 負けず嫌い
行動特性	努力 リーダーシップ 目標達成力 行動力
思考特性	当事者意識

ワーク18：強み

● 5W1Hでより具体化しよう

強み① 責任感

5W1H	内容
誰に（whom）	自分
何をする（what）	任されたことにこたえる　やらなければいけない課題・タスクにこたえる 自分で選んだことに任せてくれた人の思いに対してこたえる
どのような方法で（how）	約束どうりに　期待以上に
なぜ（why）	期待されるのが嬉しくもあり、答えなきゃいけないと思う 期待以上だと褒められて嬉しいから　任せたいと思われる人に憧れる
いつ/いつまで（when）	いつでも
どこで（where）	特に仕事

強み② 負けず嫌い

5W1H	内容
誰に（whom）	自分に
何をする（what）	理想的にする　お手本になるようにする　完璧に近くする
どのような方法で（how）	努力して　自分の強みをいかして　必死に
なぜ（why）	褒められると嬉しい　成長できていると嬉しい できていない自分が悔しい 両親が褒める教育をしてきたから、普通のことでも多少褒められたがもっと褒めてもらいたいと子供の時に思った？（留守番や1人遊びが多く、かまってもらいたかったからなのか）
いつ/いつまで（when）	いつも
どこで（where）	どこでも

✎ ワーク19：自分史シート

● 自己分析の結果から自分史を作ろう

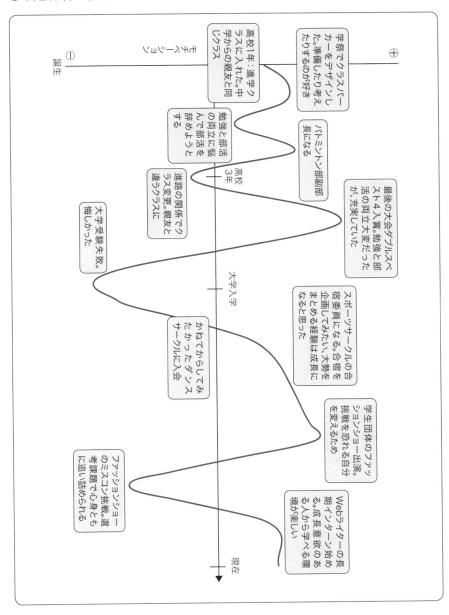

高校1年：進学クラスに入れた。中学からの親友と同じクラス

学祭でクラスバーカーをデザインしたり、準備したり考えたりするのが好き

バドミントン部副部長になる

勉強と部活の両立に悩んで部活を辞めようとする

最後の大会ダブルスで4人入賞。勉強と部活の両立大変だったが、充実していた

進路の関係でクラス変更。親友と違うクラスに

大学受験失敗。悔しかった

スポーツサークルの合宿委員になる。合宿を企画してみたい。まとめる経験は成長になると思った

かねてからしてみたかったダンスサークルに入会

学生団体のファッションショー出演。挑戦を恐れる自分を変えるため

Webライターの長期インターン始める。成長意欲のある人から学べる環境が楽しい

ファッションショーのミスコン挑戦。選考課題で心身ともに追い詰められる

誕生

高校3年

大学入学

現在

モチベーション

①

将来 具体的に実現したい姿

　　　●なりたい姿

　　Whom： 頑張りきれない人

　　What ： モチベーションのきっかけ

　　How ： 私の行動を見せる、相手の立場に立つ

　　Why ： 目標に向かっている人がかっこいいと思う

　　　　　　私がそれを応援できたらかっこいい

会社 （会社選びの軸（志望動機））

　　　●スキル・経験　　　　　●最低限必要な条件

　　　• 伝える力　　　　　　　• チームで働く

　　　• 論理的思考　　　　　　• 正当に評価される

　　　• 行動力　　　　　　　　• ワークライフ

　　　　　　　　　　　　　　　　バランスがとれる

現在 （自己PR・ガクチカ、強み）

　●行動解決　　　　●思考解決　　　　●モチベーション

　• 調整力　　　　　• 相手の立場に　　• 責任感

　• 努力　　　　　　　立つ　　　　　　• 負けず嫌い

　• 行動力　　　　　•　　　　　　　　•

8 自己分析ワーク・自分史シートの例②
すすむ君（理系３年生）の場合

✏️ **ワーク１：未来**

● 将来のありたい姿・やりたいことを書き出してみよう

> ・30〜35歳で結婚している
> ・本業＋副業＋家事をこなす
> ・年収は合計で600〜1000万円
> ・地元のコミュニティでスポーツもしている
> ・重要な仕事を任されたい
> ・一人でも生きていける力を身に付けたい
> ・いろんな人脈を持っていたい
> ・趣味を楽しみたい
> ・毎日が楽しい
> ・仕事をしながら成長したい

✏️ **ワーク２：未来**

● 将来のありたくない姿・やりたくないことを書き出してみよう

> ・定職についていない
> ・人間関係がよくない
> ・管理職にはなりたくない
> ・ロボットでもできる単調な仕事はしたくない
> ・なんでもマイナスなことを発言してくる人と働きたくない

✎ **ワーク3：過去**

● 過去の出来事とそのときの感情を書き出し、感情に丸を付けよう

小学校	出来事
1年生	入学式で「大きな栗の木の下で」をみんなの前で歌わされて、(恥ずかしい) 休み時間はひたすらドッジボールをしていた とにかく恥ずかしがりや
2年生	親とキャッチボールをして野球にはまる 土日は1人で壁あて 塾に通い始める
3年生	先生が優しすぎて将来学校の先生になりたいと思った どんなに頼んでも野球部に入れさせてもらえず、父親に(怒り)を覚えた
4年生	音楽会でオルガンのオーディションに合格し、(嬉しかった) やんちゃをして先生に怒られまくった、正直(楽)しかった
5年生	少年団のスポーツ大会で陸上、バレー、バスケ、駅伝、卓球の大会に参加 バスケの大会で準優勝、バレーの大会で優勝をし、(嬉しかった)
6年生	好きな子に彼氏がいた、(悲しい) 卒業式で声が大きいと褒められた 修学旅行で先生に怒られて廊下で寝た、(楽しい)

中学校	出来事
1年生	野球部に入部したら毎日練習、土日朝から晩まで練習で地獄だった 社会の先生が面白すぎて将来社会の先生になりたいと思った
2年生	先生に嫌われすぎて成績めちゃ下がった、悲しい。 部活で区大会優勝 初めて彼女ができた 網膜剥離を起こして手術した 彼女と別れた、悲しい。
3年生	塾で数学の先生の授業が分かりやすすぎて将来数学の先生になりたいと思った 国語で絶望的な点を取る 友達にONE OK ROCKを教えてもらいどはまり 受験日が近づくにつれて心配性発症 内申点を無視して受験したら見事に落ちた、悲しい 冬に初めてフェスに行く

高校	出来事
1年生	男子校に入学 バスケ部に入部したら顧問が理不尽すぎだった、怒り。 半年で男子校に染まり、女子と喋ると緊張するようになった 勉強は全くしなかった 部活の先輩がみんな優しかった 理系に進むと決断
2年生	アニメにはまって将来ホワイトハッカーになりたいと思った 成績悪すぎて部活やめさせられた、悲しい。 予備校に入塾
3年生	ずっと受験勉強をしていた 予備校の物理の先生が面白すぎて工学部に行きたいと思った 模試がなかなか安定せず、病んだ センター本番で失敗し、10%以上落ちた 志望校を変更（D判定） 二次試験でミス連発して落ちる、悲しい 後期試験で他の大学の工学部を受験して余裕で合格する、感情的には普通。

専門学校/大学	出来事
1年生	ほぼ男子校で思い描いていたキャンパスライフと違いすぎて絶望した 塾講師のアルバイトをする スキーサークルに入会するも半年で幽霊部員になる プログラミングサークルに入会するも2カ月で幽霊部員になる 塾講師をして学校の先生にはなりたくないと思った エンジニアになりたいと思った
2年生	実験が始まって遊ぶ暇がなくなる カフェのアルバイトを始める ホリエモンの「ゼロ。」を読んでやってみたいと思った。休みの日に ヒッチハイクに挑戦 友達欲しすぎてネットで探して社会人サークルに入る
3年生	暇だったのでブログを始める 「就活の教科書」のライターを始める

✎ ワーク4：過去

● 出来事への感情を ⊕ ⊖ でグラフ化してみよう

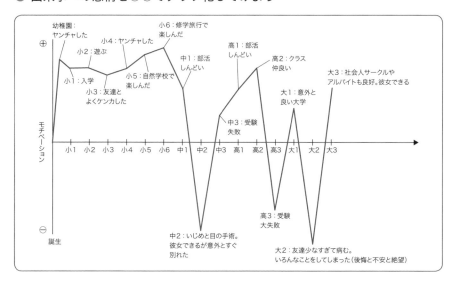

✎ ワーク５：過去

● 出来事から「続けられたこと」を選び、なぜ続けられたのかを書き出して
みよう

続けられたこと①	塾（小２〜中３）
長く続けられた理由	・友達がいたから ・塾の先生がわかりやすかった ・塾に好きな子がいた
やめようと思ったこと	・勉強したのに成績が上がらなかった
続けると決めた理由	・親に逆らえなかったから

続けられたこと②	塾のアルバイト（大１〜３年生）
長く続けられた理由	・先輩が優しかったから ・成績をあげさせて、生徒が合格するのが嬉しい ・座っててもお金がもらえ、楽だと感じる
やめようと思ったこと	・生徒が言うことを聞かず、めんどくさくなった時 ・塾講師の割に時給が高くないと気付いた時
続けると決めた理由	・理系の先輩がいて、話が合うから

続けられたこと③	毎日勉強（小１〜現在）
長く続けられた理由	・気がついたら習慣づいていた ・成績が伸びた時に嬉しかったから ・興味ある分野について知るのが楽しい
やめようと思ったこと	成績が伸びなかった時
続けると決めた理由	友達が励ましてくれたから

⬇

まとめ：私が続けられたことの特徴は……

　　　　　一緒に取り組む人がいる、努力が報われる

ワーク6：過去

● 出来事から「続けられなかったこと」を選び、なぜ続けられなかったのか
を書き出してみよう

続けられなかったこと①	カフェのアルバイト（大学）
続けられなかった理由	・同じ作業で飽きた ・アルバイトのメンバーが話が合わなかった

続けられなかったこと②	バスケの部活（高校生）
続けられなかった理由	・成績が落ちたから ・顧問が理不尽すぎる、言うことを聞きたくない

続けられなかったこと③	プログラミング
続けられなかった理由	・目的を持たずに始めてしまい、モチベーションが上がらなかった ・1人でやるのは面白くない

まとめ：私が続けられなかったことの特徴は……

一緒にやる人がいない、単純作業

ワーク7：過去

●「続けられた」こと・「続けられなかった」こと以外の出来事から、「印象に残って
いる」こと・「覚えている」ことを選び、その理由を5W1Hで考えよう

印象に残っていること①	中学時代の野球部で、サインミスをしてしまったが結果的に得点になったときに怒られたこと
印象に残っている理由	サインミスをしたが、結果的に得点になったのに怒られ、自分は結果を重視していたが、顧問は過程を重視していたことに気づいたから

印象に残っていること②	高校の部活で理不尽にキレられたこと
印象に残っている理由	自分や友達は顧問に言われたことをこなしていたのに、なぜか怒られたから あとで考えてみると、顧問の機嫌が悪かっただけだとわかったから

印象に残っていること③	ヒッチハイクをしたときに人の優しさに感動したこと
印象に残っている理由	見知らぬ人を乗せてくれたり、ご飯をご馳走してくれる人がいるとは思わなかったから

まとめ：私はこんな性格で、こんな価値観を持っている。

社会にはいろんな人がいるので、自分から行動していろんな経験をしないといけないことがわかった

✏ ワーク8：未来

● 将来のありたい姿・やりたいことを5W1Hで整理してみよう

5W1H	具体的に
誰に（whom）	必要としている人
何をする（what）	笑顔になれるように
どのような方法で（how）	ネットや対面を通して
なぜ（why）	自分も成長したいから、社会に貢献したいから
いつ/いつまで（when）	毎日
どこで（where）	どこでも

まとめ：私のありたい姿は…

考えて行動し、自分自身のスキルや専門性が成長できる

ワーク9：未来

● 将来のありたくない姿・やりたくないことから、最低限必要な条件を書き出そう

- ・考えて働きたい
- ・土日は休みたい
- ・有給休暇を取りやすい
- ・残業が少ない
- ・残業代がちゃんと支払われる
- ・スキルが身に付く仕事をしたい
- ・無駄な飲み会が少ない
- ・副業OK

ワーク10：現在

● 将来のありたい姿のために必要なスキル・経験を書き出そう

将来のありたい姿	考えて行動し、自分自身のスキルや専門性が成長できる
必要なスキル・経験	電気系の資格（電気主任技術者、電気工事士、技術士）、ITスキル
必要条件	経験することで成長できる仕事
その他の条件	社会に間接的にまたは直接的に貢献できる仕事、課題を解決できる仕事

✏ ワーク11：現在

● 働くうえで最低限必要な条件を書き出そう

（絶対に欲しい⇔絶対に嫌だ）
・給料が500万以上⇔給料が平均以下
・成果を出したら評価される⇔人間関係だけで評価される
・仕事に熱中できる環境⇔仕事好きな人が全くいない
・土日休み⇔土日休めない
・副業できる⇔副業が許されない
・感情的にならない⇔感情的な人が多い

✏ ワーク12：現在

● 職種を選び、選んだ理由を書き出そう

・丸を付ける

　　　　　（総合職） ・ 　研究職 　・ 　一般職

・理由
いろいろなことを知れるから
一つの専門分野だけでなく、さまざまな分野を経験することで新しいアイデアや考え方が浮かびやすくなるから
人脈が広がるから

✏ ワーク13：現在

● ワーク10・11・12がそろった業界を選ぼう

業界名	理由
1 メーカー	経験することでスキルが磨かれ、もっとよくするために考えて行動できるから
2 インフラ （電力、ガス、水道）	経験することでスキルや専門性が身に付くから 将来性があるから
3 IT （ネット広告）	常々、変化が激しく、仕事をすることでスキルや専門性が身に付くから　また仕事が副業にもつながる可能性が高いから

ワーク14：現在

● 絞り込んだ業界について、自分が会社でほしいスキル・経験、求める働き方・したくないことなどから、評価項目を5つ程度選び、点数を付けていこう

業界名	評価項目 (年収)	評価項目 成果 (主義)	評価項目 福利 (厚生)	評価項目 (変化)	評価項目 (副業)	合計
1 メーカー	○	△	○	○	×	7
2 インフラ (電力、ガス、水道)	○	△	○	×	×	5
3 IT （ネット広告）	△	○	△	○	△	7

ワーク15：強み

● 問題解決したエピソードを書き出そう

・塾講師で担当していた生徒が第一志校に合格した
・ヒッチハイクをしたときに車に乗せてもらえる場所を考えてポジショニングすると、成功した

ワーク16：強み

● 書き出した経験を課題、モチベーション、思考、行動、結果で1つずつ整理しよう

経験①	塾講師で担当していた生徒が第一志校に合格した
課題	受験生が第一志望校に合格できる指導を行う
モチベーション	自分が経験したことがある出来事なので自信がある
思考	生徒のレベルに合った教材選びをする勉強時間や宿題を考慮する
行動	生徒の学校のテストや模試の分析をしてから教材と科目を選んだ
結果	生徒が第一志望校に合格した

経験②	ヒッチハイクをしたときに車に乗せてもらえる場所を考えてポジショニングすると、成功した
課題	ヒッチハイク成功させる
モチベーション	若いからできる、交通量や場所を考えればできる、誰でもできる
思考	掲げる文字の大きさや目立つ服装、立ち位置を考える
行動	明るく、清潔感のある服装で、目立つジェスチャーをし、信号の手前や車が停車できる近くに立った
結果	目標時間よりも速く目的地に到着できた

✏ ワーク 17：強み

● ワーク 16 で整理したすべての経験からモチベーション、行動特性、思考特性を抜き出し、「強み」の単語に言い換えてみよう

分類	強み（単語）
モチベーションの源泉	自信　確信　チャレンジ精神　好奇心
行動特性	計画力　分析
思考特性	選択　行動力

✏ ワーク 18：強み

● 5W1H でより具体化しよう

強み①　チャレンジ精神

5W1H	内容
誰に（whom）	自分に
何をする（what）	口だけの人に対して行動する
どのような方法で（how）	本を読んだり、社会人の話を聞いたりして経験する
なぜ（why）	本を読んでヒッチハイクをしてみたら意外と簡単にできたから、ヒッチハイクをしたことで自分の自信になったから、行動することで何かを得られる可能性があるから
いつ/いつまで（when）	いつまでも
どこで（where）	どこでも

● 自己分析の結果から自分史を作ろう

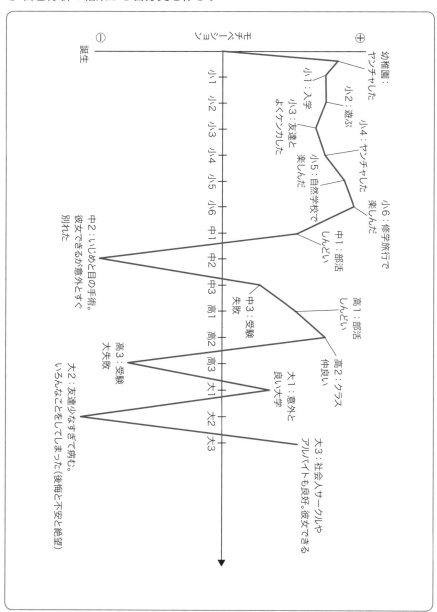

誕生

幼稚園：
ヤンチャした

小1：入学

小2：遊ぶ

小3：友達と
よくケンカした

小4：ヤンチャした

小5：自然学校で
楽しんだ

小6：修学旅行で
楽しんだ

中1：部活
しんどい

中2：いじめと目の手術。
彼女できるが意外とすぐ
別れた

中3：受験
失敗

高1：部活
しんどい

高2：クラス
仲良い

高3：受験
大失敗

大1：意外と
良い大学

大2：友達少なすぎて病む
いろんなことをしてしまった（後悔と不安と絶望）

大3：社会人サークルや
アルバイトも良好。彼女できる

テンション ⊕ ①

小1 小2 小3 小4 小5 小6 中1 中2 中3 高1 高2 高3 大1 大2 大3

126

| 将 来 | 具体的に実現したい姿 |

●なりたい姿

Whom： <u>必要としている人を</u>

What ： <u>笑顔にしたい</u>

How ： <u>ネットや対面を通して</u>

Why ： <u>社会に貢献しつつ、自分も成長したい</u>

| 会 社 | <u>（会社選びの軸（志望動機））</u>

●スキル・経験 | ●最低限必要な条件
- <u>ITスキル</u> | - <u>成果主義</u>
- <u>資格</u> | - <u>副業OK</u>
- _____ | - _____

| 現 在 | <u>（自己PR・ガクチカ、強み）</u>

●行動解決 | ●思考解決 | ●モチベーション
- <u>行動力</u> | - <u>分析力</u> | - <u>好奇心</u>
- _____ | - _____ | - <u>チャレンジ精神</u>
- _____ | - _____ | - <u>積極性</u>

PART 5

自己分析・自分史を
活用しよう

志望動機を支えるために、自己PRと学生時代頑張ったこと・
学生時代力を入れたこと（ガクチカ）があります。

1 | エントリーシートの作成

　エントリーシートには、自己PRや学生時代頑張ったこと・学生時代力を入れたこと（ガクチカ）、志望動機など、さまざまな項目があります。選考を通過するエントリーシートにするためには、自己PRやガクチカなどを論理的に組み立てる必要があります。

　エントリーシートの項目への回答作りは、**自己PR→ガクチカ→志望動機→その他の項目**の順番で取り掛かるようにしましょう。なぜなら、自己分析をして、自己PRを作文して、学生時代を振り返って、ガクチカを作文して、その苦労の末に志望動機ができ上がるものだからです。

　また、志望動機は、自分の経験（自己分析の結果）を踏まえて作る必要があります。自分の経験が含まれていない抽象的な志望動機だと、周りの就活生と同じようなありふれた内容になり、選考時に落とされてしまいます。

　逆に言えば、自己分析をすれば自己PRが作れて、学生時代を振り返ればガクチカが作れます。そしてその結果、志望動機も作れるようになります。参考のために、志望動機を作るうえでの悪い例も紹介しておきます。

　たとえば、最初に応募したい会社を見つけてから、その会社に合わせた自己PRやガクチカ、志望動機を作るパターンです。僕は、今までに数百人もの就活生と面談をしてきましたが、このパターンで選考に落ちてしまう就活生が非常に多いのです。なぜこの例が悪いか、1分程考えてみてください。

・・・・・・・・・・・・・・・・・・・・・・・・

　考えられましたか？　それでは、なぜこの例が悪いかを説明します。

　応募したい会社に合わせて作った志望動機は、深掘りをしていくと、結局、「人気の会社だから」「憧れがあるから」というだけの理由になるからです。人

気や憧れだけで会社の選考を受けると、面接で志望動機を聞かれてもうまく答えることができず、選考に落ちやすくなります。

　これでなぜ、志望動機よりも先に自己PRとガクチカを用意することが大切なのかはわかったと思います。それでは、選考に通過する自己PRやガクチカ、志望動機を作れるよう、準備していきましょう。難しいことではないので、安心してください。誰でも簡単に完成させることができます。まずは、自己PRを作成していきましょう。

■1 自己PRの作成

　自分のさまざまな強みを用いて、自己PRを作ってみましょう。

　自己PRは、基本的に**1）自己PRの結論、2）自己PRの内容を証明するエピソード（課題、解決策、行動、結果）、3）仕事での活かし方**の3点で構成されます。

1）自己PRの結論

〈例〉

　私の強みは「負けず嫌いで、地道な努力を続けられる」です。

2）自己PRの内容を証明するエピソード（課題、解決策、行動、結果）

〈例〉

　その強みを最も発揮したのは、サッカー部の活動です。

　私たちのサッカー部は1部リーグの残留争いをしている中で、チームの士気が上がり切っていないという課題がありました。このまま続けていれば、試合に負けて、2部リーグに降格する可能性もあるという、負けず嫌いな私にとっては危機的な状態でした。

　課題を解決するために、私はもっとお互いのよさや考えを知るために、活動内外のコミュニケーションの量を増やすための機会作りを何度も企画しました。無関心なメンバーもいましたが、意識して声がけをすることで、企画にも参加してくれるようになりました。

　結果として、練習中や試合中のコミュニケーションの量も自然と増え、試合

中の仲間たちの雰囲気がよくなり、士気も上がりました。そして試合に連勝し、チームの1部リーグ残留に貢献することができました。

3）仕事での活かし方

〈例〉

御社では、自分の強みを活かして、営業において個人目標を掲げ自分自身に負けない行動をしようと考えています。そして同時に、組織全体の士気を上げられるよう、地道な努力を重ねることで御社に貢献したいと考えています。

自己PRはいくつあっても構いません。なぜなら、面接の中には、自己PRを複数話すことを求められることもあるからです。

ただし、基本的には、自己PRは1つ話せば十分です。自分の強みが発揮されたエピソードをいくつか用意して、その中で最もアピールできるものを選びましょう。そして、複数求められたときのみ、2つ目、3つ目の自己PRを話すようにしましょう。

2 自己PRの導き方

自己PRを作るための自分の強みは、エピソードからさかのぼって考えることもできます。

たとえば、以下のとおりです。

・エピソード①：フットサルサークルで、メンバー100人をまとめた
・自分の強み①：リーダーシップがある
・エピソード②：カフェのアルバイトで、外国人のお客様に英語で接客する担当だった
・自分の強み②：英語を話せる

以上のように、エピソードから強みを導く方法もありますが、あくまでも、最終目的は自己PRの作成です。自分の強みを取り上げることばかりに集中しすぎないように気をつけましょう。

①アピールできる自分の強み

　以下の3つのステップで書き進めることで、自分の強みが読み手に伝わりやすくなります。

　まずは、**困難を乗り越えたエピソードを書き出しましょう**。次に、どのような困難があり、自分の強みがどのように発揮されたか、どのように乗り越えたのかを書き出します。そして最後に、その困難を乗り越えた経験から、**「何を学んだのか」「自分はどう成長したのか」**を、**自分の強みを踏まえて書きましょう**。

②書き方の注意点

　自己PRを書くときには、以下の点に当てはまらないように注意しましょう。

×「～だと思います」

　自信がないように受け取られます。「～です」のように、断定したほうが説得力があり、読み手に伝わりやすくなります。

×事実を淡々と述べる

　ただ文字が羅列されているだけで、感情が伝わりにくくなります。

×固有名詞や専門用語を使う

　読み手が必ずしもその言葉を知っているとは限りません。誰が読んでもわかりやすいように、一般的な平易な言葉を使います。

×書かなくてもわかる情報

　「私は今、就職活動中です」など、聞かなくても当たり前に想像できる情報は書く必要がありません。エントリーシートには字数制限があり、文字数を少しでも節約するべきです。たとえば、「私は行動力のある人間です」などのように短文でまとめます。

×あいまいな単語

　「コミュニケーション力」「責任感」などの言葉は抽象的すぎて、読み手にとって強みとして想像しにくいものです。具体的に、誰に対して、どのようなときに、なぜ、どれくらい、発揮されるかを表現します。5W1H（PART4第1

節参照）を意識することが大切です。

×必要のないエピソード

そのエピソードではなくても、別のエピソードでも同じことが言えるのであれば不要です。自分の強みが発揮されたことが最もわかりやすいエピソードを選びます。

×複数の自己PR

アピールする自己PRは1つに絞ります。複数あると、本当の強みがわからなくなります。また、自己PRを1つに限定することで、自分の印象を強められます。

×ネガティブに捉えられる表現

ネガティブな表現は、読み手にマイナスのイメージを与える可能性があります。なるべくポジティブな表現に言い換えます。

×誤字脱字

誤字や脱字があると、書いた文章を見直していないと思われます。そして、見直す必要がないほど志望度が低いと見なされる可能性があります。エントリーシートを書いた後は、誤字脱字がないか必ず確認する習慣をつくりましょう。

×誤った敬語

敬語は社会人としての常識です。必要最低限の敬語は正しく使えるよう、普段から練習しておきましょう。

×ら抜き言葉

「決めれる」「まとめれる」などの誤った日本語は、雑な印象を与えるため使わないようにします。気づかないうちに、ら抜き言葉を使っている就活生は多いので、注意が必要です。「決めれる →決められる」「まとめれる → まとめられる」が正しい日本語です。

×長すぎる文

1文が長すぎると、情報が複雑すぎて、内容が読み手に伝わりにくくなります。①**一文は50文字以内に収める**、②**接続詞は一文中に1つまで**という2つの

ルールに沿って書くと、読み手に伝わりやすい文章になります。

×句読点がない

　句読点がないとどこで文章を区切ればいいのかわかりにくく、また、誤った読み方をされる可能性もあります。読み手が混乱しないよう、読みやすいところや、文章の意味が変わるところで読点（、）を使いましょう。しかし、読点を入れるべき箇所は、自分では気づかないことも多いので、友人、キャリアセンターの担当者、社会人などに見てもらうとよいでしょう。

　以上に注意し、自分の強みが伝わりにくくならないよう、自己PRを書いていきましょう。

3　ガクチカの作成

　学生時代頑張ったこと・学生時代力を入れたこと（ガクチカ）は、エピソードを中心に書きます。まずは、学生時代に頑張った経験や力を入れた経験を思い返してみましょう。

　アルバイトやサークル活動、ボランティアなど、人によってさまざまな経験があるはずです。どのような内容でもいいので、本当に頑張ったと、強く自信を持って他人に話せるエピソードを思い返してみましょう。

①自信をもって話せるエピソード

　学生時代頑張ったこと・学生時代力を入れたこと（ガクチカ）は、基本的に、**1）結論、2）課題、3）行動、4）成果、5）学び**の5点で構成されます。

1）結論：学生時代に頑張ったこと

〈例〉

　アルバイト先のカフェの売上を半年で2倍にしたことです。

2）課題：学生時代に取り組んでいたことでの困難

〈例〉

　私がアルバイトをしていたカフェでは、火曜日の売上が低いという課題があ

PART5　自己分析・自分史を活用しよう

りました。

3）行動：自分が実際にとった行動

〈例〉

　特定の曜日のみ売上が低いのは、周辺施設に原因があるのではないかと考え、周辺施設でのイベントの日程を調べました。その結果、火曜日は近くの競合店がポイント5倍イベントを実施していることがわかったため、自店舗ではトッピング無料のイベントを実施することで来客を促すことにしました。

4）成果：自分が行動したことによる結果

〈例〉

　この取り組みを半年間続けた結果、火曜日の売上は、実施前の2倍の50万円に伸びました。

5）学び：今後の人生に活かすこと

〈例〉

　私はこの経験から、ビジネスにおける競合分析の大切さを学びました。

　ガクチカでは、**行動と成果を中心にして書く**ことで、読み手に伝わりやすくなります。なぜなら、実際に取り組んだ場面をイメージしやすくなるからです。そして、実際に感じた気持ちや思いを書くと、その場面はさらに読み手に伝わりやすくなります。

〈例〉

・非常に悔しい思いをして、全力で取り組みました。

・寝る時間が惜しいほど夢中になりました。

　選考を通過するガクチカを書くためには、行動と成果を意識して書くようにしましょう。

　また、そもそもなぜその課題に取り組もうと思ったのかという理由を書くことも大切です。理由が書かれていないと、読み手は本当に自分のこととして取り組んだのか判断することができません。

　さらに、その課題を解決すればどのような成功体験が得られると予測してい

たか、どのようにすればその課題を根本的に解決できると考えたかなど、課題に取り組む前向きな姿勢を書くことも大切です。

　以上のように、ガクチカは、エピソードを中心に、困難を乗り越えることに対してのモチベーションの源泉と、課題への取り組み方を書くことが大切です。

4　ガクチカの書き方の工夫点

　エントリーシートの記入欄は、「300文字以内」「400文字以内」など、会社によって字数制限が異なります。ガクチカでは、文字数に応じて、以下のように読み手に伝えるべき内容を調整するとよいでしょう。

・200〜300文字：**結論＋行動＋成果**
・300〜400文字：**結論＋課題＋行動＋成果**
・400〜500文字：**結論＋課題＋行動＋成果＋学び**

5　志望動機の作成

　次に、志望動機を書いていきましょう。しっかりと自己分析ができていて、自分に合った会社を選んでいれば、志望動機の作成にはそれほど苦労しません。

　志望動機は、基本的に**1）その会社を志望する理由、2）その仕事をしたいと感じたエピソード、3）自分が入社後に貢献できることの3点で構成されます。**

1）その会社を志望する理由

〈例〉

　私は、塾講師として、少しでも多くの生徒を志望校合格に導くということで人の役に立ちたいため、御社を志望しています。

2）その仕事をしたいと感じたエピソード

〈例〉

　私は、大学受験時代、当時の塾講師の方からさまざまな学びのアドバイスを
いただき、志望校に合格しました。そのため現在、充実した学生生活を送るこ
とができています。

　現在の充実した大学生活があるのは、当時の塾講師の方のお陰であり、今で
も本当に感謝しています。

　そして現在、自分自身もアルバイトで塾講師をしており、たくさんの生徒の
受験指導に携わっています。アルバイト先では、私が受けた恩を生徒に還元す
ることが私の使命であり、私の喜びだと考えています。

　エピソードは、読み手がイメージできるように鮮明に書きます。「会社でし
たいこと（未来）」を述べた後に「その仕事をしたいと感じたエピソード（過
去）」を書くと、論理が一貫するため、読み手に志望動機が理解しやすくなり
ます。

3）自分が入社後に貢献できること

〈例〉

　具体的には、自身の大学受験時に身につけた自らの課題発見から解決までの
プロセスや、現在のアルバイトの塾講師によって身につけた客観的視点からの
生徒の課題解決から解決までのプロセスを用いて、生徒の志望校合格率を向上
させたいと考えています。

　そして、私は、「少しでも多くの生徒を志望校合格に導く」ことで、塾全体
の合格率を上昇させ、御社に貢献したいと考えています。

6 志望動機の構成

　志望動機の構成には、2つのパターンがあります。転職する可能性がある場
合はＡパターンに沿って、そうではない場合はＢパターンに沿って志望動機を
書いてみるとよいでしょう。

A：転職する可能性があるパターン

　まず、将来なりたいという**理想の自分**をもとに、さかのぼって会社を選びます。志望動機は、以下のように組み立てていきます。

1）理想の自分の将来の状態を考える

〈例〉

　40歳までに年収1,000万円。結婚をしていて、子供は2人いる。

2）そのために必要なスキルを考える

〈例〉

　30歳までに営業力とマーケティングスキルを身に付ける。

3）この会社でなら将来必要なスキルを身に付けられることを書く

〈例〉

　営業力の強い御社でなら、最速で営業力とマーケティングスキルを身に付けられると確信しています。

4）自分の強みを生かして最大限の貢献をすることを書く

〈例〉

　私の持ち前の明るさを活かして、お客様に喜んでもらえるよう営業に尽力します。

B：可能なら働き続けるパターン

　まず、将来なりたいという**理想の自分や興味のある仕事**をもとに、さかのぼって会社を選びます（公務員や体質の古い会社などが候補に近いといえます）。志望動機は、以下のように組み立てていきます。

1）この会社でどのような人物になりたいかを書く

〈例〉

　周りの人から頼られるような、責任感のある人物になりたいです。

2）この会社でどのような仕事がしたいかを書く

〈例〉

　日々、新しいことにチャレンジできるような仕事がしたいです。

7 書き方の注意点

志望動機を書くときには、以下の点に当てはまらないように注意しましょう。

×会社にとっては関係がない

「〜に興味がある」「〜のスキルを身に付けたい」といったことを書く就活生は非常に多いのですが、自分は興味・意欲があっても、必ずしも会社にとってのメリットになるとは限りません。

〈悪い例〉

・私は、新規事業に携わりたいです。

・私には、企画力や物事を推し進める力がありますので、御社にとってもメリットであると考えます。

×会社でやりたいことが事業と関係ない

会社は利益を目的に事業を行っているため、自社の事業と関係のない話をされても困ります。

×他の業界でも使いまわせる

どの業界にも当てはまる志望動機は、内容が抽象的なため、自社でなければという理由にはなりません。

×競合他社でも使いまわせる

競合他社にも当てはまる志望動機は、わざわざ自社を志望してくれなくてもいいと思われ、選考に落ちやすくなります。

×会社でやりたいことが書かれていない

会社は選考の段階で、すでに配属先を検討しています。したがって、志望する理由のみで、入社後にやりたいことが書かれていない場合、どこに配属すればいいかがわかりません。志望度も低いと見なされます。

×供給者ではなく消費者視点

入社後は、会社が何とかしてくれると思っているといった書き方は、会社に尽力してくれる人材は他にもいると思われてしまい、選考に落ちやすくなります。

×福利厚生や研修制度目当て

福利厚生や研修制度の充実はもちろん大切ですが、会社は本人のやりたいことを重視して選考します。受身の志望動機は避けましょう。

×ほめ言葉のみ

会社の事業や働いている人をほめているだけでは、志望動機として弱いものです。

〈悪い例〉

・OB訪問をさせていただいた○○さんに憧れて応募しました。

憧れているから働きたいではなく、この会社でやりたいことを書く必要があります。

×自分の経験に基づいていない

志望動機は、自分の原体験を踏まえて書かなければ説得力がありません。思いつきで書いているような印象を与えないようにしましょう。

8 その他の項目の作成

エントリーシートには、自己PR、学生時代頑張ったこと・学生時代力を入れたこと（ガクチカ）、志望動機のほかにもさまざまな項目があります。その種類や内容は会社によって異なるので、代表的なものを、聞かれる意図と書き方の観点から紹介します。

ここで大切なのは、それぞれの項目を独立して書くのではなく、各項目で伝える自分の強みを配分して書くことです。そして、エントリーシート全体の項目を通して、自分の強みをアピールするようにしましょう。たとえば、以下のとおりです。

〈例〉

・部活の項目：**責任感**

・趣味の項目：**好奇心旺盛**

・資格の項目：**計画性**

なお、エントリーシートのその他の項目は、一度作ってしまえばほかの会社

用にも繰り返し使えます。内容をエクセルなどにまとめておくと便利です。

それでは、エントリーシートのその他の項目の書き方を紹介していきます。

①得意科目

まず、得意科目を書くときの例文を紹介します。例文を読んで、書き方のイメージを掴みましょう。

〈例文〉

私の得意科目は、英語です。TOEICでは800点のスコアを取得しています。

私はもともと英語が苦手で、まったく話せませんでした。しかし、アルバイト先の飲食店では外国人の方に接客する機会が多く、まったく意思疎通がとれなかった経験から、「英語が話せるようになりたい」と思うようになり、勉強を始めました。

洋楽や洋画を通して、楽しみながら1年間勉強を続けた結果、ビジネス英語を話せるまで英語が得意になりました。

私はこの経験から、楽しみながら勉強することの大切さを学びました。御社に入社した後は、この楽しく勉強できる力を活かして、仕事も勉強だと捉えて、楽しく働きたいです。(274文字)

例文を読んでみて、得意科目の書き方のイメージはできたでしょうか。上記の例文を、自分の得意科目に置き換えて書くだけでもよい練習になります。

なお、得意科目を実際に書くときには、以下の3点を意識しましょう。

・**得意であることの理由を書く**

理由を書くことで、読み手を納得させられます。

・**得意科目から何を学んだのかを書く**

学んだ内容を書くことで、自分なりの経験を伝えられます。

・**得意科目から学んだことを仕事にどう活かせるのかを書く**

仕事に活かせることを書くことで、読み手に好印象を与えられます。

　また、得意科目を書くときには、以下の3点に当てはまらないように注意しましょう。

×固有名詞や専門用語を使う

　読み手が必ずしもその言葉を知っているとは限りません。専門用語が多すぎると、読み手は得意科目の内容を理解できない可能性もあります。

×何も書かない

　得意科目がないからといって何も書かないと、自分の魅力を伝えられません。

×嘘をつかない

　得意科目がないからといって嘘をつくと、やがては明らかになり、信頼を失ってしまいます。

②サークル・部活・課外活動

〈例文〉

　私は、全国大会出場を目標に、フットサルサークルの活動に励みました。

　私が所属するフットサルサークルは、いつも県大会で負けてしまい、全国大会に出場した経験がありませんでした。しかし、今年こそは全国大会に出場しようと目標を掲げ、練習試合を録画して、チーム全員で課題を検討しました。その結果、「基本的なパスをミスする」「チームの連携不足」が課題として考えられました。

　そこで、パスを確実につなげるために、毎日1時間のパス練習を始めました。また、チームの連携を高めるために、声かけを徹底しました。その結果、パスのほとんどをミスしなくなり、チームの連携力も付き、今まで勝ったことのないチームとの試合にも、しだいに勝てるようになりました。そして最終的には、全国大会でベスト8に入る高成績を残すことができました。

　私はこの経験から、課題を分析し、とにかく実行してみることの大切さを学びました。（386字）

サークル・部活・課外活動を書くときには、以下の3点を意識しましょう。

1）結論から書く

　結論から書くことで、自分が何に努力をしたのか、読み手に簡単に理解させることができます。読み手に深く考えさせず、内容を理解してもらうためにも、文章は結論から書くようにしましょう。

2）どのような課題があって、課題に対してどのように考え、どのように行動したのかを書く

　課題に対してどのように考え、どのように行動したのかを書くことで、自分の思考力と行動力を読み手に伝えられます。

3）行動の結果、課題はどのように解決されたのかを書く

　行動の結果、課題はどのように解決されたのかを書くことで、自分の課題解決力を読み手に伝えられます。

　もちろん、課題が解決できなかった場合もあるでしょう。その場合は、失敗から学んだ内容や、何が原因だったのかを反省して次に生かす姿勢を伝えられれば、よいアピールとなります。

③趣味・特技

〈例文〉

　私の特技は、スポーツ全般です。特にテニスは10年間続けており、今ではコーチとして、地元の小学生に教えています。（55字）

　趣味・特技を書くときには、以下の3点を意識しましょう。

1）仕事に活かせる内容を選ぶ

　仕事に活かせるような内容趣味・特技を選ぶことで、自分の人的な魅力を読み手に伝えられます。

2）自己PRにつなげる

　趣味・特技を自己PRにつなげることで、自分の強みが発揮された場面を読み手にイメージさせられます。

3) 趣味・特技を通して学んだ内容を書く

　趣味・特技を通して学んだ内容を書くことで、自分の熱意を読み手に伝えられます。

　また、趣味・特技を書くときには、以下の3点は避けましょう。

1) ギャンブル系

　ギャンブル系の趣味や特技は、「借金」「だらしない生活」などの悪印象を与える可能性があります。

2) 政治・宗教

　政治や宗教は相手の立場がわからないため、対立を避けるためにも書かないほうがいいです。

3)「特になし」

　趣味・特技欄に特になしと書くと、自分の人柄を読み手に伝えられません。小さな習慣・関心事でもいいので、何か書くようにしましょう。

④自覚している性格

〈例文〉

　私は好奇心旺盛な性格です。興味のあることには、何でもひとまず挑戦してみます。

　私は、自分の空間を作ることはおもしろそうだと感じたことがきっかけで、学生時代にカフェ経営をした経験があります。大学で経営学を学んでいることもあり、講義で学んだ内容を実務として活かせることが、最高に楽しかったです。カフェは2年間経営したのですが、しだいに常連のお客様もできるようになり、最高月商40万円を達成しました。

　この好奇心旺盛な性格を活かして、御社では営業や企画をはじめ、さまざまな職務を経験したいと考えています。（247字）

　以下に、「自覚している性格」欄に書ける、印象のよい表現をまとめていま

す。ぜひ、参考にしてみてください。

　印象のよい表現の例

　好奇心旺盛　負けず嫌い　ポジティブ　素直　誠実　真面目　気が利く
　最後まで頑張れる　協調性がある　行動力がある　リーダーシップがある
　集中力がある　計画性がある　チャレンジ精神がある　責任感がある

　なお、自覚している性格を書くときには、以下の3点を意識しましょう。

1）結論から書く

　結論から書くことで、どのような性格の持ち主なのかを、読み手に簡単に理解させられます。

2）自分の性格が表れた具体的なエピソードを書く

　自分の性格が表れている具体的なエピソードを書くことで、その性格が発揮された場面を読み手にイメージさせられます。

3）入社後にどう活かせるのかを書く

　入社後にどう活かせるのかを書くことで、実際に入社して働く場面を、読み手にイメージさせられます。

⑤資格

　初めに伝えておきたいのは、**資格をもっているからといって、それだけで高評価されることは少ない**ということです。

　もちろん、金融業界や不動産業界など、業務に専門性が求められる業界では、資格が必要であり、有益な場合もあります。しかし基本的に、資格を持っているだけでは、人としての価値が向上するわけではないため、就職活動では、資格はあまり必要ではありません。

　以下に、エントリーシートの「資格」欄に書ける、一般的な資格をまとめています。こちらも、参考にしてみてください。

資格の例

普通自動二輪第一種免許　TOEIC®　実用英語技能検定　教育職員免許状

日本漢字能力検定（漢検）　ビジネス能力検定ジョブパス

秘書技能検定　日商簿記検定

ファイナンシャル・プランニング技能検定（FP）　IT パスポート（i パス）

情報検定　基本情報技術者　宅地建設取引士（宅建士）

Microsoft Office Specialist（MOS）　保育士　公認会計士　税理士

2 　面接への対策

　次は、面接への対策についてです。

　面接では、面接官の質問意図をきちんと考え、ひと言・ふた言程度で端的に答えましょう。何を知りたい質問なのかを考えることが大事です。面接は学生を論破する場ではなく、応募者の魅力を引き出して会社と合っているかを確認する場です。論破されないように反論することや、ただ質問を答えるだけではなく、面接官とともにお互いを知れる場を作っていきましょう。

１ よく聞かれる質問

　面接でよく聞かれるのは、自己PR、学生時代頑張ったこと・学生時代力を入れたこと（ガクチカ）、志望動機に加えて、長所・短所、失敗体験、入社後にやりたいことなどです。答えた内容について、さらに面接官から、「具体的には？」「なぜ？」「たとえば？」「だから？」を聞かれます。

　面接質問の種類はさまざまですが、以下のいずれかに当てはまります。

・モチベーションの源泉

〈例〉

　質問：『どのようなときにやる気が出ますか』

　答え：『目標に向かってチームで取り組んでいるときです』

・行動特性

〈例〉

　質問：『課題をどのように解決しますか』

　答え：『国際交流で培ったリーダーシップを発揮して、各人に得意な仕事を
　　　　　割り振って皆で解決します』

・理想の自分

〈例〉

　　質問：『人生で成し遂げたいことは何ですか』

　　答え：『人脈を広めて協力者を得て、努力する人が報われる社会を作りたい
　　　　　　です』

・志望度

〈例〉

　　質問：『当社は第一志望ですか』『内定したら入社しますか』

　　答え：『はい、もちろんです。第一志望です』

・客観視

〈例〉

　　質問：『自分をどのように見ていますか』『自分を動物で表すと何ですか』
　　　　　　『友人からどのような人だと言われますか』

　　答え：『行動力がある人だと言われています』『会うたびに別のことをしてい
　　　　　　ると言われています』

・個性・価値観

〈例〉

　　質問：『どのようなときにストレスを感じますか』『座右の銘_{（ざゆうのめい）}[※1]は何ですか』

　　答え：『効率的ではないと感じるとストレスになります。最近では、市役所
　　　　　　で数行のために１枚ずつ紙を使う書類作成にストレスを感じました』

2　回答集の作成

　　面接で話す内容は、エクセルなどでまとめておくと便利です。

　　質問への回答全体で、自分の強み・モチベーションの源泉・将来のありたい
姿に一貫性を持たせられるようにします。面接で答えられなかった質問はス

※1　**座右の銘**
常に自分の心に留めておき、自分への注意や励ましとする言葉。歴史上の偉人の言葉や故事成語、
四文字熟語のほか、身近な人の言葉などでもよい。

トックし、答えを作っておきましょう。面接でよく聞かれる質問への回答集を作ることで、自己分析の補強にもなります。

　また、面接の段階に応じ、以下のように聞かれやすい質問と評価ポイントが変わるので注意しましょう。

・**一次面接（集団）：基本的なコミュニケーション力の確認**

・**二次面接（個別）：自己PR・ガクチカ・志望動機の深掘り**

・**最終面接（主に個別）：志望度・価値観の深堀り**

3 逆質問の準備

　面接の最後には、『何か質問はありますか』という逆質問の時間を設けられることが多いです。何もないというのではなく、事前に質問を考えておきましょう。

　会社のホームページに書いてあることではなく、実際に働いている社員だから知っていることを聞くと、より自分にとっても役立つ回答がもらえます。

4 面接対策の工夫点

①緊張

　単純に場数不足で、面接に慣れていないことが多いので、OB/OG訪問をしたり、アルバイト先で知らない大人と話してみたりするなどで、少しでも経験を積みましょう。

　また、自分の面接練習の様子を動画で撮影してみるのも有効です。見返して気になったところを1つずつ直し、最後までひたすら改善します。

　面接は誰でも緊張するものなので、あまり気にせずにポジティブに捉えましょう。1つのテクニックとして、先に『御社が第一志望なので、大変緊張しております』と言っておくと、緊張していることが面接官にポジティブに伝わり、お互いに場が作りやすくなります。

②準備不足

　準備不足を解消するために、想定される質問の回答集を作っておきましょう。回答集の内容（質問への答え）を本番で言えるように、すべて完璧にしておくの理想的です。

　面接のたびにうまく答えられなかった質問をまとめ、新しい回答として追加していくと、準備不足がさらに改善されます。面接が苦手という人ほど、よりしっかりと自己分析および面接質問の回答集作りで準備をしましょう。

3 自分史の更新

　面接やOB/OG訪問を繰り返すことで、自己分析で足りていなかった部分や、今後の活動に必要な情報が見えてきます。新たに情報を見つけたら、自分史シートに書き加えていきます。書き加えるスペースがなくなるほど情報が集まったら、自分史を最初から作り直してみましょう。自分が客観視され、見えていなかった自分がさらに見えるようになります。

　自分史を1回で100%完成させようとする人がいますが、それは大きな間違いです。机の上で自己分析をしたところで、自分がどのような人間なのか完璧に理解できる人はいません。さまざまな経験をしたり、ほかの人の視点を借りたりすることで、少しずつ自分という人間が理解できていくものなのです。

　自分史を最初に作ったときの自分に比べ、何回も練り直した後に自分史を作ったときの自分は、その時点で大きな成長を遂げています。自分史は、自分の成長を文字として反映させてくれるものです。あせらず、少しずつ自己分析を積み上げることで、初めて意味のある自分史ができます。

　最初の自分史ができたら、面接（模擬面接も含みます）で経験を積みましょう。面接の結果から得られた情報をもとに、さらなる自分史を作っていきましょう。

　自分史は、就職活動中に完成させなくてもいいのです。まず、今の自分を見つめ、必要な情報を得るためのツールとして活用し続けましょう。

PART 6

自己分析をさらに深めよう

自己分析の方法は、
自分で自分のことを考えるだけではありません。
人と話すことや心理学的なツールを使うのも有効です。

1 | 自己分析のプラスアルファ

1 他己分析

　他己分析は、自己分析とは違い、自分のことを他人に聞いてみる方法です。

　自分のことは自分が一番わかっているはずだと思いますが、他人に聞いてみると意外な意見が出てくるものです。どちらかというと、自覚している強み・性格より、他人から言われる強み・性格のほうが、エントリーシートや面接での評価が高く、通過率が上がります。なぜなら、自分の強みを面接で判断するのは、結局のところ他人である面接官だからです。

　たとえば僕は、自分の強みが「問題解決力」だと思っていましたが、友人10名ぐらいに聞いてみると、半分以上の人が僕の強みは「行動力」だと言ってくれました。その後、面接で自分の強みは行動力だと伝えるようにしたところ、急に面接の通過率が上がり始めました。僕としては、問題解決力を意識していたつもりだったのですが、面接官から見れば、まだまだ学生レベルの問題解決力だったのでしょう。その結果、あまり評価されなかったのだと思います。

　他己分析をするときは、LINEなどのメッセージアプリを使うとよいでしょう。コメントを依頼するときは、事前に記入する欄を作っておいて、空欄を埋めてもらいます。これにより、依頼された側が書きやすく、自分も漏れなく聞くことができます。さらに、LINE上の他の人へのコメントと比較ができます。そのほか、ワードやエクセルで他己分析シートを作り、知人に頼んでもよいです。他人に聞くといい項目は、**長所、短所、改善点**などです。

多己分析をお願いするメッセージ

私のメッセージ
==================================
◆ 私の「長所」と「理由」を教えてほしいです

◆ 私の「短所」と「理由・改善点」を教えてほしいです

◆ 私の「第一印象」と「理由」を教えてほしいです

◆ 私の「第一印象からの変化」と「理由」を教えてほしいです
==================================

相手の返信メッセージ
==================================
> ◆ 私の「長所」と「理由」を教えてほしいです
○○さんの長所は、「行動力」だと思う。
思いついたことをすぐに実行しているイメージです。
しかも、やりたいことを何だかんだ実現してる。

> ◆ 私の「短所」と「理由・改善点」を教えてほしいです
○○さんの短所は、「気遣い」だと思う。
自分のやりたいことを優先して、周りが見えていないことがある。
周りをしっかり見るようにすれば、もっと魅力的な人に見えるんじゃないかな。

> ◆ 私の「第一印象」と「理由」を教えてほしいです
○○さんの第一印象は、「変な人」でした。
自分のことをずっと語っていたので。
正直なところ、第一印象的にはあまりポジティブではなかった。

> ◆ 私の「第一印象からの変化」と「理由」を教えてほしいです
話していくと、○○さんは意外と「真面目な人」なんだなと思った。
一見、適当だけど、私が悩みを相談したときは、しっかり話を聞いてくれたし、
私のことを真剣に考えてくれてた。
真面目な雰囲気が第一印象から出せれば、もっと人間関係が上手くいくと思う。
==================================

ジョハリの窓

　自分が知っている自分の特徴と他人が知っている自分の特徴の一致・不一致を、4つの枠を使って分類するフレームワークとして、ジョハリの窓というものがあります。フレームワークが窓のように見えることから、このように呼ばれています。自己理解のズレに気づくためのフレームワークであり、心理学でよく使われている手法です。

	自分は知っている	自分は知らない
他人は知っている	**解放の窓** 自分も他人も知っている自己	**盲点の窓** 自分は知らないが、他人は知っている自己
他人は知らない	**秘密の窓** 自分は知っているが、他人は知らない自己	**秘密の窓** 自分も他人も知らない自己

　ジョハリの窓で気づいた自己理解のズレを一致させていくことで、他人とのコミュニケーションを円滑にできると考えられています。

　面接では基本的に、他人からの評価が軸となります。自分の自己評価に対して他人の評価は違うことが多く、面接に落ちる人の多くは、自分と面接官の評価がズレてしまっています。自分が知らないことを他人が知っていることは意外と多く、他己分析が非常に重要です。

　友人や家族、先輩やサークルの仲間、アルバイト先の人などに、ぜひ自分の評価を聞いてみてください。

2 OB/OG訪問

OB/OG訪問とは、実際に会社で働いている社会人に会いに行き、業界や会

社の説明や、会社での働き方を聞いたりすることです。一般的に、OB/OGは同じ学校の卒業生がイメージされますが、出身校が違う社会人も対象になります。

最近は、学生と社会人をマッチングするOB/OG訪問アプリ[注1]も開発されています。就活生がイメージするよりは、簡単にOB/OG訪問を行うことができきます。

OB/OG訪問では、業界・会社について聞けることはもちろん、自己分析を手伝ってもらうこともできます。訪問する前に、自己分析を手伝ってほしいこと、そのために質問をしてほしいことを伝えておけば、本番の面接より気軽な雰囲気で質疑応答ができます。

働いたことがない学生が自分で自己分析するには、限界があります。OB/OG訪問では、実際に働いている社会人の立場ならではの質問をしてもらえるので、自分だけで自己分析するよりも、多くの視点から自分を見つめ直すことができます。社会人に自己分析を手伝ってもらった回数が、自己分析の深さに大きく影響するともいえます。

自己分析をさらに強化させたい人や自己分析に行き詰っている人には、OB/OG訪問を強くお勧めします。

注1 **OB/OG訪問アプリ**
OB/OG訪問を行うことができるアプリとして有名なものに、Matcher（マッチャー）などがある。

2 | 仕事人生に活かす自分史

1 内定後・就職後の自己分析

　将来のなりたい姿を実現させるためには、内定後・就職後にも自己分析をすることが欠かせません。実際に働き始めてみると、将来なりたい姿が就活時とは変わることがよくあります。そして、将来なりたい姿が変わっている場合、自分がしたい仕事や身に付けるべきスキルも変わっていきます。

　内定後・就職後には、以下のような自己分析をしてみましょう。

・将来なりたい姿は就活時と変わっていないか

・内定・就職した会社で自分のしたい仕事ができているか

・内定・就職した会社で自分の身に付けたいスキルを得られているか

　将来なりたい姿が変わっている場合は、実現のために軌道修正する必要があります。自社では得られないスキルが必要になり、別の会社・職種へ転職するなども考えられます。将来なりたい姿を常に把握しておくためにも、内定後・就職後にも自己分析をすることが大切です。

　重要なことのため何度も繰り返しますが、会社選びは、自分が将来なりたい姿を実現するための手段として考えるようにしましょう。

2 内定後・就職後の自分史作り

　幸せな仕事人生のためにも、自分史を更新し続けていくことが大切です。

　幸せな仕事人生とは、たとえば、自分の将来なりたい姿を実現するために、楽しいと思える環境で働き続ける、意味のある転職をする、独立して起業するなどです。実際に仕事をしてみてから気づくこともあります。たとえば、以下のとおりです。

・さまざまな人に会うことは刺激があって楽しい

・初対面の人と話すのは得意ではない

・自分1人で成果を出すことにこだわりがある

・チームでプロジェクトをしてみると、メンバーの成長をサポートすること
　もやりがいがある

　一度作った自分史を見返して、追加や修正を繰り返すことで、自分の幸せな
未来作りに役立ちます。

付　録

内定者の声・採用
コンサルタントの声

実際に内定を取った学生たちの声を紹介します。
また、「就活の教科書」のメルマガの1通から、
採用コンサルタントの声を紹介します。
生の声を聞き、皆さんの就職活動に役立ててください。

1 余語君の場合（インターネット広告代理店）

①在学中にしたこと

- ・俳優活動（1年生5月～2年生12月）
- ・セレクトショップの販売員（1年生6月～3年生3月）
- ・飲食店のアルバイト（1年生11月～3年生3月）
- ・就職活動（3年生4月～4年生4月）

②就職活動をした理由

　私には大学卒業後の選択肢がいくつかありました。1つ目は俳優を続け芸能界を目指す道、2つ目は海外に出て生活する道、3つ目は一般企業に就職する道です。

　その中で、人生の目標でもある「世の中にインパクトを与える」ことを最短で達成できる道を考え、一般企業への就職を選択しました。

③就職活動の軸

・心から熱狂して働いている人がいる

　私は、仕事について何をするかも大事ですが、それよりも、誰とするかのほうが自分のモチベーションに影響を与えると考えました。このため、仕事をただ稼ぐためにするのではなく、自己実現のために働いている人が多い会社を探しました。

・「世の中に対して表現」できる

　子どもの頃から大勢の人の前で何かをすることが好きで、大学では俳優をしていた経験から、世の中に対して表現していきたい、自分の表現で世の中の人たちにインパクトを与えたいという思いがありました。そして、それをかなえ

ることができるのは、ITであると確信していました。

・若いうちから責任感のある仕事ができる

　私は、社会に出たとき、年齢が理由で自分の選択肢が狭まることは避けたいと思っていました。そして、好奇心の塊のような人間なので、したいことすべてを寛大に受け入れてくれる会社を探しました。

④今の就職先を選んだ理由

・最も人にインパクトを与えられる

　ITの枠組みの中で、自分自身が毎日インパクトを受けているモノは何かを考えたとき、IT広告が浮かびました。

　動画広告からWebサイトに移行する、SNSから知らなかったアーティストや音楽に出会えるなど、今やIT広告は現代の生活の一部になっています。私は、IT広告が最も人にインパクトを与えることができるモノだと考え、インターネット広告代理店を選びました。

・すべての業界と関わる可能性

　③で述べたとおり、私は好奇心の塊で、各業界について深く知りたいという思いがありました。広告代理店であれば会社によって得意先の違いはあるものの、すべての業界と関わることができると思い、インターネット広告代理店を選びました。

⑤就職活動の流れ

・3年生4月：業界選び

　就職活動をするにあたり、志望する業界を選びました。最初は多くの人々に影響を与えるならテレビだと考えていたため、番組制作会社やテレビ局を目指しました。

・3年生6月：番組制作インターン（テレビ局）

　オフィスの大きさや人の多さに圧倒されつつ、インターンシップで実務を経験しました。

このとき感じたのが、メディア業界のスピード感の遅さや年功序列の体質など、私の求めているものとの違いでした。

しかし、このインターンの中で自分の実力不足を実感でき、いい刺激になりました。

・3年生7月〜1月：OB/OG訪問

就職活動にあたり、OB/OG訪問を通して100人以上の先輩にお世話になりました。人の優しさに触れつつ、社会人の話に圧倒され、自分の無力さを実感することが多かったです。そして、さまざまな価値観を持っている人と会うことにより、自分自身を客観的に見られるようになりました。

・3年生8月：課題解決インターン（インターネット広告代理店）

周りの学生は圧倒的な高学歴ばかりで、学校名を聞くだけで怖じ気づいて、400分のグループワーク中60分も話せず、会話の輪に入れない状態でした。何とか発言すると、『余語君の言っていることはロジックが通っていない』と言われ、まったく発言ができない状態になりました。

次の日からは書記係を担当し、何とか会話の中心にいようと努力をしましたが、悔しい思いが残るインターンとなりました。しかし、このインターンをきっかけに、より就職活動に本気で取り組むことができ、今ではこの機会がなかったらよい結果は出なかったと感じています。

・3年生9月〜1月：自己分析（大苦戦）

就職活動にあたり、最も悩んだのが自己分析でした。自分がしたいことはわかっているのに、それを言うと内定がもらえないのではとずっと自問自答していました。そのうち、本当に自分がしたいことがわからなくなり、朝から晩までカフェにこもる日々が続きました。

・4年生4月：本命会社に不合格

実は私は、ある1社にしか入社するつもりがなく、その会社に固執しながら就職活動をしていました。ところが、本命会社の選考には通過できず、相当に落ち込みました。

しかし、本命会社を「後悔させるつもり」で、再び就職活動を続けました。

・4年生4月：内定・就活終了

　4月20日、2番目に入社したいと考えた会社から内定を受け、就職活動を終了しました。悔しい思いもしましたが、結果として、自分に合った会社に入社することができたと思います。

⑥今の就職先の内定までの流れ

・3年生1月：最初のグループディスカッション（京都）

　採用したい人を選ぶのではなく、採用したくない人を落とす場と捉え、リラックスして発言をしていれば落とされることはないと考えました。このため、とにかく発言回数を意識して臨みました。

・3年生2月：1次面接（東京）

　1次面接は、入社2年目の営業の社員との面接でした。この会社は素晴らしいと感じたのは、学生側の履歴書の話をするだけでなく、社員側も履歴書を見せてくれるところでした。このため、お互いについて理解をしたうえで面接が始まりました。

・3年生3月：2次面接（東京）

　2次面接は、入社6年目の営業の責任者との面接でした。私の今までの経験をはじめ、会社に入って何がしたいか、将来のビジョンなどについて聞かれました。過去の話をまとめておくだけでなく、将来についても考えておく必要があると実感しました。

・4年生4月：グループディスカッション（オンライン）

　3次選考はグループディスカッションで、選考官は社長、人事マネージャー、営業の責任者の3人でした。当時は新型コロナウイルス感染症の影響もあり、オンラインで行われました。

　このグループディスカッションは、非常に怖かったです。複数回の選考で残った学生たちが集まり、非常にレベルの高いグループディスカッションが予想されたからです。しかし、始まってみると、選考官にリラックスした雰囲気を作ってもらえ、非常に取り組みやすかったです。最初のグループディスカッ

ションとは違い、発言しない人はいなかったので、いかに質の高い発言（アウトプット）をするかが求められていたと思います。

・4年生4月：最終面接（オンライン）

　最終面接の面接官は執行役員でした。時間配分は質問20分・逆質問40分でした。質問としては、「幼稚園のときはどのような子どもだったか」「小学校のときはどのようなことを考えていたか」など、人間性を見られているような内容でした。

　就活生へのメッセージ　「就職活動を成功させるには『行動』あるのみ！」

　　就職活動を通して最も感じたことは、地方学生が就職活動を成功させるには、いかに行動するかです。たとえば、東京との情報格差を埋めるためには、東京に行くしかありません。その地に行ってインターンシップを経験し、多くの人に会うことが一番の近道だと思います。

　　皆さんの就職活動が最高の結果となることを祈っています！

2 藤澤さんの場合（情報サービス会社）

①在学中にしたこと

　・飲食店のアルバイト（1年生4月～現在）

　・イギリスの大学への留学（2年生7月～2年生9月）

　・大学休学、イギリス語学留学と一人旅

　・大学復帰、就職活動（3年生5月～4年生6月）

②就職活動をした理由

　私が就職活動を始めた理由は、1年の留学を経て両親に恩返しをしたいと思い始めたからです。私は両親から、時間とお金を惜しみなく投資してもらい、愛情を持って育ててもらいました。そのため、両親にしっかりと働く姿を見せて、将来的には孫の顔を見せて安心させたいと思い始めました。そして、私

が両親からたくさんの愛情を受けたように、自分の子供にもやりたいことができる環境を提供できるよう、しっかりと働かないといけないと思っていました。

③就職活動の軸

　私は、しっかりとしたミッションを軸にしてサービスを展開していない会社は、やがて淘汰されると思っていました。このため、会社選びでは、ミッションと事業内容に注意していました。

④今の就職先を選んだ理由

・価値観が合う

　私は就職活動中、積極的にOB/OG訪問を行い、多くの社会人と交流し、仕事に対するさまざまな価値観に触れました。そのなかで、「何をするかよりも何のためにするか」を重視する今の就職先の社員が持つ考え方は、私が今まで培ってきた価値観と似ていると思いました。

・ミッションと事業内容に納得感がある

　「あったらいいなではなく、なくてはならないサービスを創る」というミッションと事業内容は、私にとって納得感があり、信用できると思いました。

・成長できる

　私は、就職活動中のOB/OG訪問で、選考に通らないことなどについて社会人からフィードバックをもらい、常に自分の弱みと向き合っていました。そして、就職したら、働くなかで自分の弱みを克服して成長していきたいと思いました。

　仕事を通して弱みを克服して成長することが、結果的に仕事にも自分の人生にもよい結果をもたらすと思ったからです。

⑤就職活動の流れ

・3年生5月：大手企業インターン選考

　大手企業のインターンシップ選考に参加しましたが、まったく対策しないま

ま受けたため、すべて落ちてしまいました。

・**3年生7月：1day インターン参加**

　数社の1day インターンに参加しましたが、志望業界に迷うばかりでした。

・**3年生3月：自己分析・OB/OG訪問**

　真剣に就職活動に向き合い始めました。あせりながら真剣に自己分析を始め、1か月に30人以上のOB/OG訪問を行いました。

　OB/OG訪問は、自己分析を手伝ってもらったり、自分に合う会社を紹介してもらったり、自分のなりたい社会人像がイメージできたりと、就職活動で役立つことがすべて詰まっていました。スタートが遅れ迷いながらの就職活動でしたが、OB/OG訪問で出会った人を含め、周りの人に支えられながら乗り切ることができたのだと思います。

・**4年生5月：本選考**

　OB/OG訪問の際に会った社会人に、私が志望していた業界であるIT業界の中で、私に合うお勧めの会社をヒアリングしました。そして、お勧めされたいくつかの会社の選考を受けました。会社を知名度だけで選択することなく、私自身に合うかを基準に選考を受けることができました。

　そして、最終的に、会社説明会は10社ほど参加して、選考を受けたのは5社くらいでした。5月には志望先を2社に絞って活動し、5月中旬頃に最初の内定を受けました。

・**4年生6月：内定・就活終了**

　6月、内定を受け、就職活動を終えました。

⑥**今の就職先の内定までの流れ**

・**4年生5月：会社説明会およびグループディスカッション選考会**

　会社説明会では、人事担当者の『私たちは優秀な人ではなく、会社に合う人を採用します』という言葉が印象に残りました。

　私の価値観と会社の価値観に強く親和性を感じました。人事担当者が言っていた『絶対に必要とされるビジネスだけを作る』という言葉は、まさに自分が

求めている価値観と同じでした。私は、会社説明会の時点から、内定がもらえたらこの会社に入りたいと思っていました。

選考会は、5人チームで新企画を考えるグループディスカッションでした。

・4年生5月：1次面接（Skype）・2次面接（Skype）

1次面接・2次面接は、Skypeで行われました。どちらもリラックスした雰囲気であったため、自然体で正直に話すことができました。

過去の経験を深掘りされて、私の価値観や物事への向き合い方を見られていると感じました。1次面接・2次面接ともに1時間半ほどであり、画面越しでしたが、社員や会社について深く知ることができました。

・4年生6月：最終面接（東京）

最終面接は、副社長と1対1でした。それまでWebでのリラックスした面接だったので、東京本社での対面での面接は緊張しました。

面接前には、人事担当者と軽く話して、緊張をほぐしてもらえました。面接は40分ほどで、過去の経験の深掘りと周りの人にどのような人と言われるかなどの一般的な質問がされました。逆質問の時間が長く、ミッションと事業内容のつながりや、将来的に目指したい社会人像にどのようにしたら近づけるかなど、聞き応えのある話を聞けました。

最終面接後、15分ほど部屋で待ち、人事担当者から内々定を告げられました。

就活生へのメッセージ　「就職活動は1人ではできない」

私は、3年生の5月に就職活動を始めながらも、真剣に向き合い始めるまでに約1年かかりました。理由は、私が就職活動を1人でしようとしていたからだと思っています。

私は、今の自分の選択に納得していますが、これから就職活動を始める皆さんには、周りの人の意見に耳を傾け、さまざまな価値観に触れるなかで自分と向き合い、余裕を持って会社を選んでほしいと思います。

後悔のない就職活動のためだけではなく、自分をもっと知るために、周りの人を頼っていきましょう。

3 橋口君の場合（クレジットカード会社）

①在学中にしたこと

　　・家庭教師、飲食店、イベントスタッフ、賃貸会社での営業補助などのアルバイト（1年生〜現在）

　　・ビジネスプラン大会参加（2年生9月〜2年生11月）

　　・就職活動（3年生6月〜4年生5月）

　　・イギリスへの短期留学（3年生8月〜3年生9月）

　　・ディベート大会参加（3年生9月〜3年生11月）

②就職活動をした理由

　私は、身近にいる友人や先輩の影響で就職活動を始めたのですが、途中からは「社会に貢献する大人になりたい」という明確な想いを持ち始めるようになりました。

　社会に貢献する大人とは、高い収益を上げられる人だと定義付けしたので、給料が高い会社や、多くの人に影響を与えるインフラ系の会社を中心に受けました。

③就職活動の軸

　一番の軸は、「自分のアイデアで社会をよりよくする」でした。理由としては 社会に大きな影響を与えたいと考えたからです。特に、キャッシュレス決済やクレジットカードのサービスに魅力を感じていました。

　社風としては、自分の意見を表現しやすい雰囲気・文化のある会社で、トップダウン型ではなく、ボトムアップ型で自分の意見が通りやすい会社に就職したいと考えました。

④今の就職先を選んだ理由

・ビジョンに共感できる

　私は留学中に、友人が財布を落としたとき現金はなくなったがクレジットカードは残っていたという経験をしました。クレジットカードなら、電話一本で使用を中止させ、自分のお金を守ることができます。

　キャッシュレス決済の安全性や利便性を日々体感し、キャッシュレス決済の価値を訴求したいと思い、ビジョンを同じくする会社を選びました。

・裁量権が大きい

　今の就職先は、クレジットカード会社の中でも社員数が少ないことで有名です。つまり、少数精鋭かつ1人当たりの裁量権が大きい会社であり、自分の活躍の幅が大きくなると考えました。自分のアイデア力・発信力を試すには最適な環境と感じています。

・社会を変える力がある

　今の就職先は、決済インフラの構築をビジネスとしています。

　私たちの生活には、必ず決済が発生します。つまり、決済という場面を変えるということは社会全体を変えることにつながります。自分のアイデアしだいで社会全体を変えられる決済ビジネスに魅力を感じました。

⑤就職活動の流れ

・3年生6月：先輩から紹介された合同企業説明会に参加

　就職活動を強く意識はしていなかったのですが、先輩に誘ってもらったので合同説明会に参加してみました。この合同説明会をきっかけに、就職活動のスイッチが入りました。

・3年生7月：夏季インターシップに複数応募し参加

　インターンシップへ積極的に参加して、とにかく行動することを意識しました。

・3年生8月～11月：留学やディベート大会への参加

　就職活動は情報収集のみ行っていました。

・3年生12月〜1月：冬季インターンシップに参加

　ある程度興味のある業界は絞れていたので、会社の理解度が深まるインターンを中心に5社に応募しました。

・3年生2月：就職活動に本格的に取り組む、自己分析や会社研究

　3月は、アルバイトを休み、志望先の選考が始まるまで自己分析に本気で取り組みました。

・3年生3月〜4年生5月：エントリーシート提出、面接参加

　すでに絞っていた業界・規模の会社の選考を受けました。クレジットカード・証券・ITの3業界です。面接対策としては、就活対策本を参考に、事前に想定できる質問とその回答をすべて書き出しました。

・4年生5月：内定・就活終了

　5月、内定を受け、就職活動を終えました。

⑥今の就職先の内定までの流れ

・3年生1月：冬季インターンシップおよび選考会（エントリーシート＋対面面接）

　5日間開催のインターンシップで、内容は以下のとおりでした。

・課題解決ワーク「身近に生じる課題の解決」

　ビジネスフレームワークの講義を受けた後、グループ内で「身近な課題」を出し合い、解決策を議論しました。議論の結果は、ホワイトボードを使って発表しました。

・新規事業創造ワーク「未来の社会課題を解決する新しいビジネスを創出」

　課題解決ワークで学んだことを活用し、クレジットカードを起点とした新規事業を立案するワークでした。こちらは、事前にパワーポイントでスライドを作り、全員に発表しました。

　選考会では、エントリーシートの提出と、Webテスト、グループディスカッション、面接が行われました。志望者数が多かったため、グループディスカッションと面接で相当数の学生が不合格となりました。

・3年生3月〜4年生5月：本選考

本選考の内容は以下のとおりでした。

・エントリーシートの提出とWebテスト

エントリーシートの項目は、一般的な内容でした。Webテストは自宅で受けるテスト（玉手箱）でした。ほかの会社で経験していたので苦戦はしませんでした。

・グループディスカッション

インターンシップ参加者は免除されました。参加した友達に聞いたところ、フェルミ推定[※1]が出題されたそうです。

・1次面接

インターンシップ参加者は免除されました。

・2次面接

人事担当者と1対1の面接でした。『自分の好きなところはどこですか？』と聞かれ、困った記憶があります。

・3次面接

人事担当者2人との面接でした。エントリーシートの内容のほか、学生時代に力を入れたことを聞かれたのが印象的でした。

・最終面接

人事部長と1対1の面接でした。会社の志望理由を特に深掘りされましたが、もともと第一志望だったので、苦戦はしましたがうまく答えられました。

そのほか、グループディスカッションと面接は、一般的な課題・質問がほとんどでした。

※1　フェルミ推定
実際に調査することが難しいような内容を、いくつかの手掛かりをもとに論理的に短時間で推論・概算する問題。仮説を立てて考える力、全体を捉え解決すべき課題を特定する力、難解な課題に対して意欲的に取り組む姿勢、対話を通じて解答を向上させる力などが測られる。

「就職活動は最大の成長」

　内定のためには、まず、行動し続けることが大切です。行動することで、志望動機にも説得力が増します。

　次に、モチベーションを維持することが大切です。行動を起こすためには、モチベーションを高く維持する必要があります。何でもいいので、就職活動への元気が出るというものを見つけてください。

　就職活動は、社会や会社、自分のことを知る絶好の機会です。ぜひ、楽しんで取り組んでください！

4　田中君の場合（インターネット広告代理店）

①在学中にしたこと

- ・スポーツサークルの設立・運営（2年生4月〜3年生8月）
- ・ミスターコンテストの企画・実行（3年生4月〜3年生12月）
- ・モデル活動（3年生8月〜4年生12月）
- ・就職活動（3年生9月〜4年生5月）
- ・就活支援団体の設立・運営（4年生4月〜4年生9月）

②就職活動をした理由

　私は、大学3年生の夏頃から、モデルとして事務所に所属し活動していました。しかし、ある撮影の終了日にカメラ担当者から『後は完成版ができるまで楽しみにしていてね』という言葉を掛けられて、違和感を覚えました。その違和感から、モデルとして発信されて終わるのではなく、自分でゼロから世界観を作って発信していきたいと感じるようになりました。

　その後、自己分析も並行して行うようになり、広告代理店に就職したいと思うようになりました。

③就職活動の軸

　私は、営業職を志望していました。しかし、物事にあきやすく、すぐ新しいことに手を出したくなる性格のため、有形商材よりも無形商材をメインに扱っている業種が向いているだろうと考えていました。さらに、何か決まったサービスを提供するのではなく、いつも提供するものや関わるものが違うということを理想としていました。そこで最初は、広告業界かコンサルティング業界かの2択で考えていました。

④今の就職先を選んだ理由

・クリエイティブな仕事ができる

　広告かコンサルティング、どちらを選ぶかの決め手となったのが、モデル活動の経験でした。

　モデルの仕事では、広告モデルもすることがありました。商品を際立たせるためのロケ地が手配されセットが組まれ、モデルは商品の引き立て役としてメイクや衣装で飾られました。そして、モデルとして関わる以上、誰かがすでに決めている世界観や設定の中でしか行動できませんでした。たとえ、おもしろいことを思いついても、自分のアイデアは必要とされなかったのです。「それなら、世界感をプロデュースできる立場の人間になろう」と、志望先をアイデアとクリエイティブ性が求められる広告業界に決めました。

・規模感の大きい仕事に携われる

　学生時代の経験から、自分の仕事を多くの人に認知してもらい、そのリアクションを感じることが私の創作のチベーションであり、やりがいであると考えていました。

　広告の仕事をするのであれば、やはり自分の仕事を多くの人に認知してもらいたいという想いがあり、大手企業をクライアントにもつ大手広告代理店を志望しました。

・自身の市場価値を高められること

　私は、会社選びの軸として、市場価値を高められることを意識していまし

た。私にとっての市場価値を高めるとは、1人でも生きていけるスキルを身につけることでした。

そこで、どのようなスキルが必要かを考えて出した答えが、デジタルマーケティングに関するスキルや知識でした。このスキル・知識が、ITへの理解につながると考えました。

ITの活用を新たな手法とみなし、「IT×人材 ＝ HR（Human Resource）テック」や「IT×金融 ＝ Fintech（Finance + Technology）」などと名付けられましたが、将来的にはITを用いるのが当たり前になっているはずです。ITやデジタルの知識が深いことは、将来の市場価値につながり、反対に、ITやデジタルの理解がないことは、社会で戦う武器がないと考えました。

そして、「広告」「大手」「デジタル領域」の3つの軸から会社を絞りました。

⑤就職活動の流れ

・3年生 9月〜12月：自己分析、OB/OG訪問、グループディスカッションセミナー参加、面接練習

就職活動で一番大切な要素なのではないかと考え、自己分析を一番徹底して行いました。

自分が何に対してどのような価値を感じるのかをしっかり把握しておくことが、自分が選択する進路とのミスマッチを減らすことにつながると思います。

自己分析は、大きく以下の3点に分けて行いました。

・就活エージェントのサービス

・さまざまな社会人に自己分析の手伝いをしてもらう

・自分の行動や感情を振り返る日記をつける

私は、さまざまな人に自分を分析してもらうなかで、多角的に自己を見つめ直しました。そして、日記で自分を内省することにより、自分への理解を深めていました。日記に関しては、就職活動のなかで会った、ある会社の執行役員に毎日送ってフィードバックをもらっていました。感情や行動の理由を考えることや、他人がわかりやすいように文章を考えることで、論理的思考力の向上

にもつながりました。

　次に力を入れたのが、OB/OG訪問です。自分と同じ大学の人だけでなく、かつ、自分の業界への興味を問わず、積極的に社会人に会い、話を聞きました。

　興味のない業界の人でも会っていたのは、なぜその業界に興味がないのかを明確にすることで、より志望業界に対する理由が明らかになり納得度が高まると考えたからです。さらに、思わぬところに自分の価値観を形容するキーワードが見つかりました。

　もちろん、志望業界の人と会う機会も多く得られ、エントリーシートを添削してもらったり、連絡先を交換して気軽に会社のことを質問できたりしました。多くの社会人と関わりを持つのは、就職活動を有利に進めるヒントになると実感しています。

・**3年生1月〜3月：自己分析、OB/OG訪問、面接練習、SPI対策**

　引き続き、自己分析とOB/OG訪問で自分を分析しつつ、面接練習やSPI対策にも取り組みました。

　すぐに面接選考を受けられる会社を就活サイトで探し、実際に選考に参加しました。面接練習をしつつ、興味のある会社も見つかったので、一石二鳥でした。

　SPI対策では、毎日スケジュールを立てて対策本に取り組みました。まずは対策本を1通り読んで全体像を把握した後、苦手な問題を何度も解くことで正答率を上げました。ちなみに、SPI対策は1冊で十分でした。また、大学にSPIの練習ができるシステムがあったので、それも活用しました。

・**4年生5月：内定・就活終了**

　5月、内定を受け、就職活動を終えました。

⑥今の就職先の内定までの流れ

・**3年生2月：会社説明会および選考会（対面）**

　選考内容はグループディスカッション、広告とマーケティング戦略をメンバーで考えるというものでした。評価者が評価しやすいように、書記をした

り、発言をしたりすることを意識していました。

・3年生3月：1次面接（オンライン）

1対1の面接で、40歳くらいの男性担当者でした。『将来成し遂げたいことはありますか』という質問に対し、『通話状態がわかるチャットのアプリ開発をしたいです』と回答しました。通話は大事なコミュニケーションであり、相手がどのような状況かわかればいいと考えたからです。他社では評価されたのでよいかなと思いましたが、深掘りされてうまく答えられませんでした。ただ、結果としては選考に通過していたので、面接では話の内容より人柄を見られていたのだと感じました。

・4年生4月：2次面接（東京）

クリエイティブ局のトップとの1対1でした。面接官が仕事ができると感じられる人で、この人が選んだ会社なら間違いないと、志望度が一気に上がりました。

・4年生5月：最終面接（東京）

執行役員2人との面接でした。滑り止めの気持ちで受けていましたが、すでに志望度が上がっていました。

そのため、普段は面接でもあまり緊張しないのですが、最終面接では足が震えるほどでした。面接1週間後に電話で内定の連絡があり、とても嬉しかったです。

（就活生へのメッセージ）「自己分析は格好をつけずに等身大で」

伝えたいことは2つあります。1つ目は、大きな目標や理想は掲げなくてもよいので、働く自分の姿を素直にイメージしてください。このとき、自分の本当のやりたいことを正直に等身大で考えることが一番大切だと思います。

そして2つ目は、自己史は自分用と面接用に2つ作ってください。自分用は本当に自分がしたいことを作っておいて、面接用は自分のしたいこと

を会社目線で言い換えたものとして作ってください。しっかりと自己分析と自分史作りを行えば、自分に本当に合う会社に出会え、会社からも認めてもらえます。

5 天野君の場合（シンクタンク）

①在学中にしたこと

- Business Contest KINGに参加（2年生9月）
- インターン紹介事業立ち上げ（3年生6月）
- 就職活動（3年生9月〜3年生2月）
- 新卒紹介事業の立ち上げ（3年生12月）

②就職活動をした理由

　実は私は、一般企業への就職を考えていませんでした。何となく、自分で立ち上げたインターン紹介事業を大きくしていけばいいと思っていました。また、実家の自営業を継ぐという逃げ道もありました。

　しかし、今の就職先の社員と出会い、全員優しい人で今の就職先に興味を持ち、創立者が書いた本も読みました。そして、就活生という立場を利用してさまざまな業界を見てみようと思いました。

③就職活動の軸

　私はもともと経営に興味があったので、経営が学べる会社を軸に選んでいました。そして、将来的には独立することも視野に入れていたので、会社に対して経営のアドバイス行うコンサルティングファームを中心に受けていました。

④今の就職先を選んだ理由

- **人に惚れた**

　私がインターン紹介事業をしていた3年生の夏に、今の就職先の社員が無償

で協力してくれました。

　また、内定後に留学生の就活イベントを開催したときも、前回とは違う社員に協力してもらいました。就活イベントの会社集客に困っていたところ、全グループマネージャーと子会社の社長につないでもらえ、今の就職先のクライアント会社から無事に集客することができた等、一学生の提案にも献身的に接してくれる器の大きさと温かさを感じました。

・成長環境が整っている

　多業種のクライアント会社の社長と二人三脚で月次支援を行っていくため、さまざまな社長の視点から物事を考えられるようになると考えました。

　プロジェクトによる提案だけではなく、一歩踏み出して結果を残すため、机上の空論では終わらせないところが特徴的でした。将来起業する、または実家を継ごうと思っている人には最適な成長環境だと感じました。

⑤就職活動の流れ

・3年生9月〜1月：インターンシップに参加

　就職エージェントからできるだけさまざまな業界のインターン先を紹介してもらいました。金融、メーカー、IT、コンサルティングなど10社弱のインターンシップに参加しました。

　自分の人生の目標に合う魅力的な会社にも出会えました。

・3年生2月：内定・就活終了

　2月、内定を受け、就職活動を終えました。

⑥今の就職先の内定までの流れ

・3年生9月：エントリーシート

　エントリーシートの設問は、以下の6点でした。

・性格（周りの人からよくどのような人だと言われるか）を教えてください。

・「得意なこと」または「人からよくほめられること」を教えてください。

・人として生きるうえで大切にしていることを教えてください。

・「のめり込んでいること」または「楽しく没頭できること」を教えてください。

・「していてあきないこと」または「苦にならなそうなこと」を教えてください。

・「してみたいこと」または「憧れていること」を教えてください。

　すべての設問に「結論を端的に明記し、実際のエピソード（事例）を交えて簡潔に説明してください」という注記がありました。

・3年生10月：適性検査・Webテスト（自宅）

　適性検査とWebテストは、一般的な内容でした。初めてで勝手がわからなかったこともあり、何の対策もすることなく受検しました。合格できたのは運がよかったと思います。

・3年生10月：集団面接（対面）

　集団面接は、人事部長とグループマネージャーの2人と学生5人でした。私は以下の2点を質問されました。

・今まで関わってきた自社の社員について

・自営業をしている父親は自社について何と言っているか

　他の人は、就職活動の軸や、ほかにどのような業界を志望しているかなどを聞かれていました。

・3年生12月：インターンシップ（対面）

　インターンシップは、1週間にわたって行われました。

　1日目はチームビルディングと今後の方向性決めがメインでした。1チーム4人ほどで3チームに分けられました。1チームごとにチームファシリテーターが付き、アドバイスをくれました。内容は、チームファシリテーターが担当している実際の案件をコンサルティングするというものでした。

　2〜6日目は、1日目に決めた方向性に従って各自作業をしたり、電話会議で進捗を報告し合ったりしました。私たちは2回、電話会議をしました。

　最終日は、社長や役員の前でプレゼンテーションをしました。順位が付けられ、私たちのチームが優勝しました。顧客志向や、具体的な解決策があったところが評価されました。順位発表の後、チームファシリテーターと面談をしました。私はすでに第一志望と決めていたので、インターン中も面談でも、会社

への熱意をアピールしてきたところ、人事部長へ話を通してもらえることになりました。

・3年生 2月：最終面接（対面）

最終面接は、集団で行われました。社長・役員部長4人と学生5人でした。

他の人は鋭いところまで深掘りされていましたが、私は1つだけ、「ライバル社のよいところと自社のよいところ」について質問されました。

私は何よりも人が大切だと思っており、ライバル社のよいところも人を最重視しているところだと答えました。また、私は机上の空論が嫌いであるため、今の就職先のよいところは一歩踏み出して実行して、結果を出すところだと答えました。それに対し、人事担当者から『人を重視したコンサルティングは当社でもできますが、どう思いますか？』と聞かれました。私は『人を重視したコンサルティングを御社でできるのであれば、何より幸いです』と答えました。全員に満足そうな顔で頷いてもらえ、内定への手応えを感じました。

　就活生へのメッセージ 「最初から最後まで一本道」

　私は2社しか受けませんでしたが、会社はインターンで何社も見てきました。その中でも、最初から最後まで今の就職先への志望が揺るがなかったのは、自分の軸をしっかり持っていたからです。私は改めての自己分析はしませんでしたが、昔から自分を理解しようと努めていました。

　皆さんも、普段から自己分析を徹底することで、無駄のない就職活動ができると思います。

6 堀本君の場合（人材サービス会社）

①在学中にしたこと

・オーストラリアへの長期留学（1年生3月末〜2年生12月）

・就職活動（3年生6月〜4年生4月）

・インターンシップに参加（3年生6月〜現在）

・営業系のアルバイト（3年生6月〜現在）

②就職活動をした理由

　私は、早いうちから結婚願望があったので、結婚資金を稼がなければいけないと考えていました。フリーランスや起業して稼ぐ選択肢もあると思いますが、まずは自分でお金を稼ぐイメージを付けたいと思い、就職することに決めました。

③就職活動の軸

　変化が激しい時代、大企業にいても安泰とはかぎらないと思っていました。大企業に就職し、与えられた仕事をして、10年後にようやく役職に就けるという流れに対して、それでは遅すぎる、大企業とはいえ10年後に残っている保証はないと思いました。

　そこで、若手のうちから仕事を任せてもらえる会社に入社し、より早く自分が成長することが必須だと考え、会社を選びました。

④今の就職先を選んだ理由

・人材サービス業界である

　私の社会へ対する想い・願いは、日本の生産性を上げることでした。

　私は、日本の将来は明るくなく、その大きな理由は労働人口の減少だと思いました。そして、以下の疑問が浮かんできました。

・今の社会で、皆が自分がしたい仕事を本気でできているのだろうか

・もし本当に皆がしたい仕事に就くことができれば、生産性は自然に上がるのではないか

　そしてこの疑問から、本当に一人ひとりに合った仕事に就く手伝いをしたいと思うようになりました。

・国内外問わず事業展開している

　これから先、日本国内のどの分野においても市場が縮小していく可能性があ

るなら、海外で働くチャンスがある会社のほうがおもしろそうだと思いました。

⑤就職活動の流れ

・3年生6月：インターンシップ参加

　インターンシップの内容としては、Webサイトの記事を書く仕事でした。同時に、就職活動を意識していたため、面接等の素材作りのために、インターネット回線の営業も始めました。就職活動にあたり、数字で実績を示せる営業の経験はお勧めです。

・3年生1月：就活ナビサイトへの登録

　インターンシップに参加していたものの、本格的に自己分析や業界研究をし始めたのは年明けからでした。さまざまな就活ナビサイトに登録し、その中から今の就職先とも出会いました。

・3年生2月：自己分析・業界研究

　面接ではかなり深堀をされると聞いていたので、自己分析は徹底的に取り組みました。就職活動にあたり始めに着手したのも自己分析でした。

・3年生3月：応募

　就活支援団体を通して、今の就職先に応募しました。

・4年生4月：内定・就活終了

　4月、内定を受け、就職活動を終えました。

⑥今の就職先の内定までの流れ

・3年生3月：会社説明会および選考会（対面）

　2時間ほどの会社説明会の後に、選考会で1分間の自己PRと集団面接が行われました。

・3年生3月：1次面接（対面）

　会社説明会の後に、そのまま1時面接が行われました。

　自己PRの内容は、学生時代に最も力を入れたことについてでした。集団面接では、自己PRに基づいて深堀りをされました。簡潔に論理的に回答するこ

とが大切だと感じました。

・3年生3月：2次面接（オンライン）

　2次面接の面接官は、現場の社員でした。かなり深堀りされ、自己分析が大切だと再認識しました。

・3年生3月：社員面談2回（対面／オンライン）

　最終面接の前に、自分が希望する職種の社員2人と会う機会をもらえました。選考にまったく関係なく気軽な雰囲気の面談で、私の質問に何でも答えてもらえました。

・3年生3月：最終面接（対面）

　最終面接の面接官は役員でした。少し緊張しましたが、何とか深堀り質問にも対応できたつもりでした。しかし同時に、自分の発言が面接官の心に響いていないことも感じました。

　そして私は、面接に落ちたと考え、親に1年間の休学を申し出ました。

　しかし、最終面接から5日後、再最終面接の連絡を受けました。私は、自己分析から徹底的にやり直し、論理的に面接で答えられるように論理的思考力に関する本を3冊読破しました。

・4年生4月：第2回最終面接（対面）

　第2回の最終面接では、前回以上の深堀り質問を受けました。しかし、再自己分析で準備は万全でしたので、自信を持って答えられました。

　その結果、面接後15分後ぐらいに面接官であった役員から合格を伝えられました。

就活生へのメッセージ　「最後は今の就職先しか見えなかった」

　会社説明会では、どの会社も魅力的に感じますので、自分の軸というものをしっかり確立させることが重要です。

　就職活動を進めていくなかで迷うことが多々あると思いますが、最後には納得感のいく終え方ができるよう、しっかり会社を選んでください。

2 採用コンサルタントの声

①コミュニケーションスキル

　会社が求めるコミュニケーションスキルは、場の雰囲気に合わせて適切な会話ができるかどうかです。言葉の使い方、正しい日本語の選び方も含まれ、相手の話を聞き、相手がどのようなことに興味があるのかを探し、会話を盛り上げるスキルが求められるのです。

　根本的に大事なのは、コミュニケーションスキルです。たとえば、飲食店で受けて気持ちがいい接客もこのスキルです。コミュニケーションスキルさえあれば、どのような業界・会社でも、ある程度の選考までは進めます。

②一般常識のマナー

　たとえば、カフェで面接を行う際に学生にドリンクを買ってあげたとき、『ありがとうございます』の声があるかを見ています。ところが、約8割の学生がお礼を言いません。これは面接以前に、一般常識レベルの問題だと思います。他にも基本的な挨拶として、人と会ったときに『お時間を取っていただいてありがとうございます』と当たり前のことを言えるかが大切です。

　お礼や挨拶など、基本的な一般常識レベルのマナーができていないと、採用者側からすれば「挨拶なんて基本的なことから教えないといけないのか？」と思えます。『ありがとうございます』『申し訳ありません』『失礼いたしました』という言葉を、適切な場面で言えることが大事です。

③業界選択

　働き方の方向性は考えておくべきですが、業界を絞って就職活動をする必要はありません。何より、自分の将来のための勉強にもなるため、多くの業界を見ておくべきです。

④長期インターンシップ

　学校の授業があるときも、3か月～6か月の期間で数社の長期インターンシップに参加することをお勧めします。長期インターンシップをすることで、会社の内情をより詳細に知ることができます。

　経験が長ければ、会社に入ってから即戦力になれます。また、中小企業と大企業の両方を経験していれば、どちらのほうが自分に向いているかがわかります。

⑤OB/OG訪問

　志望先のOB/OG訪問は、絶対にしたほうがいいです。会社の内情がわからないと入社後のギャップに苦しむ可能性もあるため、OB/OGから生の声を聞いたほうがいいです。

　OB/OG訪問の際には、日々の業務内容や時間の使い方、会社で何人くらい働いていて、何人くらいの人と関わりながら仕事をしていて、各事業部がどのような仕事をしているのか、各事業部に何人くらいがいるのかなど、細かい質問までして構いません。自分の働いている姿を鮮明に描けるくらいOB/OG訪問を重ねて、質問をしていくことが大切です。

⑥グループディスカッションで面接官が見るポイント

　グループディスカッションでは、主にグループ内でどのような動きをして、どのような立ち居振る舞いをするかを見ます。自己主張をして、周りを負かそうとする学生も多いですが、会社は組織に必要な人材を探しているため、周りを負かそうとするような人を必要としません。面接官の目には自分勝手に映り、起業でもすればよいのではと思えます。

　グループディスカッションでは、協調性が最も大事です。主体的にチームを引っ張れるか、多く発言しているか、他の学生を活かせるか、制限時間内にチームでよりよいアウトプットができるかといった能力を見ています。結局は、コミュニケーションスキルがあるかどうかが重要です。

⑦最終面接で面接官が見るポイント

　最終面接とそれ以外の面接では、面接官の立場がそれぞれ違うため、見ているポイントも当然変わります。最終面接以前の担当者は、「役員や社長が納得してくれるか」で選びます。

　そして、最終面接の担当者が、「この学生なら間違いない」「一緒に働きたいか」を見極めます。頭のよさよりも、最後まで走り抜ける熱意などが合格するポイントになります。

⑧最終面接の逆質問

　面接官の立場になって考えて、「この人となら一緒に働きたい」と思ってもらえるような質問を5個程用意しておくといいです。

　たとえば、同業他社との比較をしながら質問をすれば、業界についてどれだけ勉強しているかを見せることにもつながります。また、会社について詳しく調べたうえでの質問も、会社への興味・関心だけでなく、その後の意欲を買われることにつながります。こうした質問を5個くらい用意しておきましょう。

⑨会社が欲しい人材

　会社が欲しいのは、入社後に活躍してくれそうな人です。会社はチャレンジしてきた学生を求めています。たとえば、高学歴を採用基準とする理由は、難関校に入るためにしっかり勉強したという証拠になるためです。

　また、ビジネスパーソンとしての意識がある人も求めています。見た目も大切で、スーツが似合っているなども社会人としてのイメージが浮かびやすくなります。なお、靴・鞄・ベルトなどの革物は、黒のほうがビジネスにふさわしいです。

⑩就職活動に必要なこと

　人生100年時代の現在、仕事人生が長くなります。、長い仕事人生だからこそ、真剣に取り組まなければなりません。どのように仕事人生を送りたいかを

考え、よりよい一歩を踏み出してください。

　以上は「就活の教科書」のLINEメルマガの一部の紹介です。就職活動の情報がもっと欲しい人、より詳細な情報が欲しい人は、ぜひ、「就活の教科書」のLINEメルマガに登録してください。より生の声を、より早く就活生の皆様のもとへお届けできれば幸いです。

　「就活の教科書」のLINEメルマガに登録すると、始めに就職活動の基本講座を1通ずつ受け取れるようになります。届くメッセージの順番に準備をすることで、情報に惑わされることなく、正しい順序で就職活動の対策ができるよう設計しました。就職活動の基本講座が終わった後は、不定期で就職活動の最新情報が届くようになります。重要な情報を見落とさないよう、確実にキャッチしておきましょう。

　また、LINEメルマガの登録特典として、2つの限定コンテンツを参加者全員にプレゼントしています。

①限定記事：「就活生には教えてない、新卒採用コンサルタントの裏側」

②限定動画：「就活が終わった今だから言える、内定者のぶっちゃけトーク」

　どちらの限定コンテンツも、他のサイトでは知れない秘密の情報です。就職活動の本質を知り、自分の活動に大いに役立ててください（ただし、これら登録特典は、今後の方針変更で非公開にする可能性もあります）。

　「就活の教科書」のLINEメルマガは、以下のQRコードから5秒で登録できます。

※登録・内容などの質問は、「就活の教科書」お問い合わせフォーム（https://reashu.com/contact/）からお願いします。

おわりに

　自己分析の本質を押さえれば、就職活動で迷うことはありません。自己分析ワークと自分史作りから、自己分析の大切さが少しでも伝わったのであれば幸いです。自己分析で大事なことは、過去・現在・未来をそれぞれから分析していくことです。さまざまな自分のエピソードから過去を見つめ、未来の自分が実現可能な姿に向かって進みましょう。

　現在の自分の強みを知るために、自分自身だけと向き合うのではなく、他人の視点も借りる必要があるため、日ごろからさまざまな大人たちとコミュニケーションを取るようにしてください。そして、受け身になることなく、自ら主体的に就職活動を始めてみましょう。

　僕自身の就職活動は、残念ながら成功といえるものではありませんでした。だからこそ、僕のように苦労する人を減らしたいと願い、日々ホームページやLINEで情報を発信し続けています。新型コロナウイルス感染症の流行や豪雨による災害など、不測の事態が起こり戸惑う学生も多いでしょう。不安を抱えて苦しむ学生もいるでしょう。しかし、就職活動をあきらめてはいけません。夢がある学生は、より実現可能な将来の姿を描き、近づいていってください。

　夢がないと思い悩む学生も、実はしたいことに気づいてないだけの場合が多いです。そういった学生には、以下のような質問をしています。

　『今、手元に10億円あるとしたらどう使う？』

　『どこの会社でも内定がもらえるとしたらどこに行きたい？』

　発想が自由になるように、制限を外すことを意識した質問です。自己分析ワークと自分史作りも、自分への制限を外すために使ってほしいと願っています。

　就職支援を通じて、学生は変化していきます。よい変化としては、自分の立ち位置を知り柔軟になる学生が多いです。また、社会を知ることがおもしろくなり、明るく積極的になる学生もいます。一方、悪い変化としては、自分が通用しないのを認めたくないと、閉じこもっていく学生もいます。しかし、努力しても上手くいかない、自分は不器用だと感じている学生こそ、本書の自己分

析ワークと自分史作りが効くのです。

　就職は、若い皆さんの人生の大きな選択の一つともいえます。就職活動に取り組む学生の皆さんを支援していると、さまざまな出会いがあり、僕自身も新たな自分史を作り出している気持ちになります。

　皆さん自身が導いた未来の姿を現実化させるために、本書が役に立てれば幸いです。

　最後に、本書作成にあたって、たくさんの就活生・内定者にご協力いただきました。自身の就活経験を余すことなく教えてくれた、余語君、藤澤さん、橋口君、田中君、天野君、堀本君。

　自己分析ワーク作成に協力してくれた、中村さん、松本君。

　就活市場を調査してくれた、森田君。

　特に岩成紘汰君には、執筆全般でここでは書き切れないほど助けていただきました。

　また、本書執筆のきっかけを作ったWebメディア「就活の教科書」（https://reashu.com/）では、今まで延べ100人以上の就活生・内定者にご協力いただきました。就職活動や卒業論文、内定先の仕事が忙しい中、快く手伝っていただきありがとうございました。

　本書に引き続き、Webメディア「就活の教科書」では、就職活動に役立つリアルな情報を連載していきます。どの記事も、就活経験者が自身の体験を踏まえて執筆したものばかりですので、これから就職活動に臨む大学生に役立つはずです。ぜひ一度、インターネットで「就活の教科書」と検索し、僕たちのサイトに遊びに来てください。

　就職活動は人生で一度切りです。自分の本当のありたい姿を知り、悔いのない就職活動を行ってください。皆さんの就職活動の成功を心から願っております。

株式会社Synergy Career

代表取締役　岡本　恵典

●著者紹介●

岡本　恵典（おかもと　けいすけ）

株式会社Synergy Career 代表取締役。

大阪府立大学大学院を理系として卒業後、東京のITベンチャー企業（後に東証マザーズ上場）に新卒入社。前職で得たスキルを活かし、株式会社Synergy Careerを創業。就活メディア「就活の教科書（https://reashu.com/）」を立ち上げ、月間65万PVまでに育て上げる。メディア内の「自分史」の記事がきっかけで、産経新聞社にも掲載。就活支援にも力を入れており、累計数百人の就活生と面談。OB訪問アプリ「Matcher」ではレビュー数100超とトップクラス。

ワークと自分史が効く！　納得の自己分析

2020年9月30日　初版第1刷発行

著　者——岡本　恵典
　　　　　　©2020 Keiske Okamoto
発行者——張　士洛
発行所——日本能率協会マネジメントセンター
　　　　　　〒103-6009　東京都中央区日本橋2-7-1　東京日本橋タワー
　　　　　　TEL 03(6362)4339(編集)／03(6362)4558(販売)
　　　　　　FAX 03(3272)8128(編集)／03(3272)8127(販売)
　　　　　　http://www.jmam.co.jp/

装　丁——吉村　朋子
本文DTP—株式会社森の印刷屋
印刷所——シナノ書籍印刷株式会社
製本所——株式会社三森製本所

ISBN 978-4-8207-2842-9　C0036
落丁・乱丁はおとりかえします。
PRINTED IN JAPAN

改訂版 専門学校生のための 就職内定基本テキスト

専門学校生就職応援プロジェクト 著

A5判／168頁+別冊48頁

専門学校生の就職活動に精通した著者がまとめる就職活動テキストの改訂版。昨今の就職活動の状況変化に対応しました。仕事とキャリアの考え方から自己分析、企業研究、筆記対策・面接対策まで、専門学校生が就職活動に際して知っておくべき知識とノウハウをまとめた1冊。ワークシートや別冊の「就職活動ノート」を使って、自分で考え、就職活動を進めていけるような工夫が満載です。

イラスト図解！就職活動ワークブック

鶴野　充茂 著

B5判／88頁+別冊28頁

自己分析を起点に、就活の場面で効果的に自分を伝える方法（コミュニケーション力、自己表現力）を、さまざまな書き込みワークとツールを通して学びます。基本的な就職活動の進め方を図解とイラストで解説し、自分で作るワークから自分の強みを知り、就職活動で使える基本コミュニケーション（質疑応答）・作文で対策練習を行い、各自に最適な就職活動へと導くワークブックです。

就活ドリル はじめての一般常識

はじめての一般常識対策研究会 著

B5判／128頁

就職活動への意識づけにぴったりな「自信」と「やる気」を育てるバイブル。筆記試験一般常識で出題が想定される問題から、小学校高学年～中学校レベルの良問を精査しました。英語・国語・数学・理科・社会＋就職活動に役立つ知識「常識」の6章立てです。「問題」と「解説」がセットになったドリル形式を採用しているので、得意・不得意分野が把握しやすい内容です。

改訂版 自分のキャリアを 自分で考えるためのワークブック

小野田　博之 著

B5判／160頁+別冊48頁

学生や若手社員を対象に、手順を追って自分を見つめ、自分のキャリアを考えるための教材です。さまざまな設問に答えてワークシートに記入し、考えるヒントとなる解説や先輩たちの事例などのコラムに触れ、グループワークを行いながら、自分の将来に気づきを与えます。本文の「考えるワーク」と、別冊の「ワークシート」と「振り返りシート」を通じて、キャリア開発に大きな効果を発揮します。

ワークと自分史が効く！　納得の自己分析

別冊

自己分析ワーク／
自分史シート

ワークと自分史が効く！　納得の自己分析

別冊　自己分析ワーク／自分史シート

CONTENTS

ワーク1　将来のありたい姿を書き出す ……………………………… 3

ワーク2　将来のありたくない姿を書き出す …………………………… 3

ワーク3　過去のエピソードを書き出す ………………………………… 4

ワーク4　感情をグラフ化する ………………………………………… 7

ワーク5　続けられたこととその理由を書き出す …………………… 8

ワーク6　続けられなかったこととその理由を書き出す ………… 10

ワーク7　印象に残っていることとその理由を書き出す ………… 11

ワーク8　将来のありたい姿を5W1Hで整理する ………………… 12

ワーク9　最低限必要な条件を見つける ……………………………… 13

ワーク10　働くうえで必要な条件を整理する ……………………… 13

ワーク11　働くうえで最低限必要な条件を整理する ……………… 14

ワーク12　将来のありたい姿から職種を選ぶ ……………………… 14

ワーク13　将来のありたい姿から業界を選ぶ ……………………… 15

ワーク14　将来のありたい姿から業界を絞り込む ………………… 15

ワーク15　問題解決した経験を書き出す …………………………… 16

ワーク16　書き出した経験を整理する ……………………………… 16

ワーク17　モチベーションの源泉と行動特性から自分の強みを探す … 18

ワーク18　自分の強みを5W1Hで整理する ……………………… 18

ワーク19　自己分析ワークから自分史シートを完成させる ……… 20

ワーク20　自己分析ワークをまとめ直し自分史を更新する ……… 22

ワーク1：未来

● 将来のありたい姿・やりたいことを書き出してみよう

ワーク2：未来

● 将来のありたくない姿・やりたくないことを書き出してみよう

✏️ ワーク3：過去

● 過去の出来事とそのときの感情を書き出し、感情に丸を付けよう

小学校	出来事
1年生	
2年生	
3年生	
4年生	
5年生	
6年生	

中学校	出来事
1年生	
2年生	
3年生	

高校	出来事
1年生	
2年生	
3年生	

専門学校/大学	出来事
1年生	
2年生	
3年生	

✏ ワーク４：過去

● 出来事への感情を ⊕⊖ でグラフ化してみよう

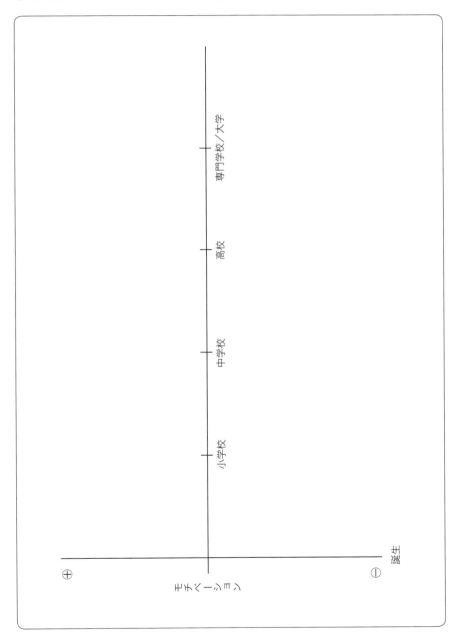

⊕

モチベーション

⊖

誕生　小学校　中学校　高校　専門学校／大学

✎ **ワーク5：過去**

● 出来事から「続けられたこと」を選び、なぜ続けられたのかを書き出して
みよう

続けられたこと①	
長く続けられた理由	
やめようと思ったこと	
続けると決めた理由	

続けられたこと②	
長く続けられた理由	
やめようと思ったこと	
続けると決めた理由	

続けられたこと③	
長く続けられた理由	
やめようと思ったこと	
続けると決めた理由	

まとめ：私が続けられたことの特徴は……

✏️ ワーク6：過去

● 出来事から「続けられなかったこと」を選び、なぜ続けられなかったのか
　を書き出してみよう

続けられなかったこと①	
続けられなかった理由	

続けられなかったこと②	
続けられなかった理由	

続けられなかったこと③	
続けられなかった理由	

⬇

まとめ：私が続けられなかったことの特徴は……

✏ ワーク7：過去

● 「続けられた」こと・「続けられなかった」こと以外の出来事から、「印象に残っている」こと・「覚えている」ことを選び、その理由を考えよう

印象に残っていること①	
印象に残っている理由	

印象に残っていること②	
印象に残っている理由	

印象に残っていること③	
印象に残っている理由	

まとめ：私はこんな性格で、こんな価値観を持っている。

✎ ワーク8：未来

● 将来のありたい姿・やりたいことを5W1Hで整理してみよう

5W1H	具体的に
誰に（whom）	
何をする（what）	
どのような方法で（how）	
なぜ（why）	
いつ/いつまで（when）	
どこで（where）	

⬇

まとめ：私のありたい姿は…

ワーク9：未来

● 将来のありたくない姿・やりたくないことから、最低限必要な条件を書き
出そう

ワーク10：現在

● 将来のありたい姿のために必要なスキル・経験を書き出そう

将来のありたい姿	
必要なスキル・経験	
必要条件	
その他の条件	

ワーク11：現在

● 働くうえで最低限必要な条件を書き出そう

ワーク12：現在

● 職種を選び、選んだ理由を書き出そう

・丸を付ける

総合職 ・ 研究職 ・ 一般職

・理由

✎ **ワーク13：現在**

● ワーク10・11・12がそろった業界を選ぼう

業界名	理由
1	
2	
3	
4	
5	

✎ **ワーク14：現在**

● 絞り込んだ業界について、自分が会社でほしいスキル・経験、求める働き方・したくないことなどから、評価項目を5つ程度選び、点数を付けていこう

業界名	評価項目（　　　）	評価項目（　　　）	評価項目（　　　）	評価項目（　　　）	評価項目（　　　）	合計
1						
2						
3						
4						
5						

✏️ ワーク15：強み

● 問題解決したエピソードを書き出そう

✏️ ワーク16：強み

● 書き出した経験を課題、モチベーション、思考、行動、結果で1つずつ整理しよう

経験①	
課題	
モチベーション	
思考	
行動	
結果	

経験②	
課題	
モチベーション	
思考	
行動	
結果	

経験③	
課題	
モチベーション	
思考	
行動	
結果	

✏️ ワーク 17：強み

● ワーク 16 で整理したすべての経験からモチベーション、行動特性、思考特性を抜き出し、「強み」の単語に言い換えてみよう

分類	強み（単語）
モチベーションの源泉	
行動特性	
思考特性	

✏️ ワーク 18：強み

● 5W1H でより具体化しよう

強み①

5W1H	内容
誰に（whom）	
何をする（what）	
どのような方法で（how）	
なぜ（why）	
いつ/いつまで（when）	
どこで（where）	

強み②

5W1H	内容
誰に（whom）	
何をする（what）	
どのような方法で（how）	
なぜ（why）	
いつ/いつまで（when）	
どこで（where）	

強み③

5W1H	内容
誰に（whom）	
何をする（what）	
どのような方法で（how）	
なぜ（why）	
いつ/いつまで（when）	
どこで（where）	

● 自己分析の結果から自分史を作ろう

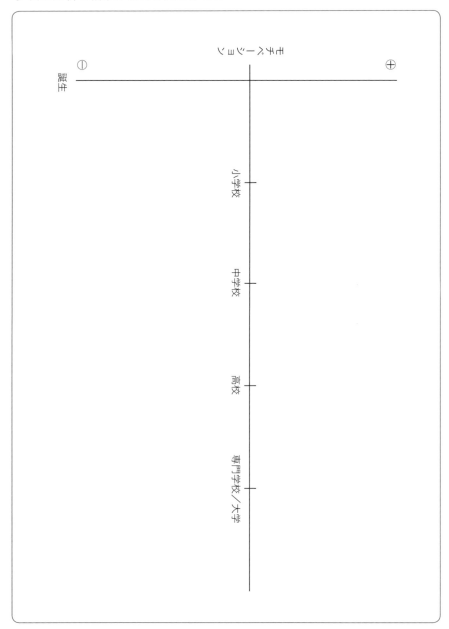

| 将来 | 具体的に実現したい姿 |

●なりたい姿

Whom : _____

What : _____

How : _____

Why : _____

↑

| 会社 | （会社選びの軸（志望動機）） |

●スキル・経験	●最低限必要な条件
• _____	• _____
• _____	• _____
• _____	• _____
• _____	• _____
• _____	• _____
• _____	• _____

↑

| 現在 | （自己PR・ガクチカ、強み） |

●行動解決	●思考解決	●モチベーション
• _____	• _____	• _____
• _____	• _____	• _____
• _____	• _____	• _____
• _____	• _____	• _____
• _____	• _____	• _____
• _____	• _____	• _____

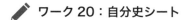

✏️ ワーク 20：自分史シート

● ワーク 19 の自分史を更新しよう

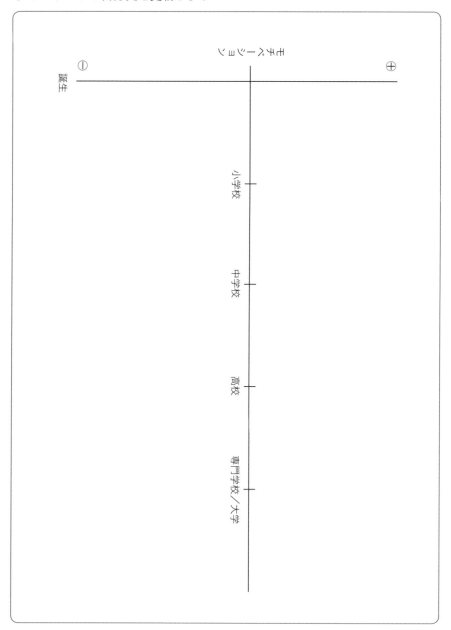

誕生　　　⊖　　　　　　　　　　　　　　　　　　　　　　　⊕

キモチ・イメージ

小学校　　　　中学校　　　　高校　　　　専門学校／大学

将来	具体的に実現したい姿

●なりたい姿

Whom ： _____

What ： _____

How ： _____

Why ： _____

↑

会社	（会社選びの軸（志望動機））

●スキル・経験

- _____
- _____
- _____
- _____
- _____
- _____

●最低限必要な条件

- _____
- _____
- _____
- _____
- _____
- _____

↑

現在	（自己PR・ガクチカ、強み）

●行動解決

- _____
- _____
- _____
- _____
- _____
- _____

●思考解決

- _____
- _____
- _____
- _____
- _____
- _____

●モチベーション

- _____
- _____
- _____
- _____
- _____
- _____